郎眼

深度再现 03

需要了解的经济问题

郎咸平　王牧笛　等著

东方出版社

复苏路漫漫，硝烟滚滚来

就在大家为不断出现的经济复苏言论欢欣鼓舞之时，"战争"的硝烟已悄悄弥散开来，大洋彼岸发起的金融战、贸易战，一开始就打了我们一个措手不及。中国内地改革开放 30 年，经济一直顺风顺水，保持高速增长，对这种世界性的经济危机听得多但经历得少，对于金融战更是知之甚少，这就是我们应对危机和"战争"最为不利的一面。这时候我们应该多读读历史，多看看其他国家在历次经济危机、经济"战争"中的惨痛教训和成功经验，这样我们就不会盲目无措了。

本书选了十二个大家需要了解的经济问题，并对其做了详细解读，希望能对大家判断经济形势、制定经济决策有所帮助。

第一个问题我们关注的是美国对华特保第一案——轮

胎特保案。 在中国出口深受经济危机打击、陷入极度困难之时，此案一出，对出口行业来说无疑是雪上加霜。 更糟糕的是，此后其他各国纷纷效仿，各种针对中国产品的特保调查接踵而至。 这样的结果是我们之前没有想到的，也正因为我们这样的无知，才会输得一败涂地。 经过这次教训，面对以后的国际谈判，我们就必须在遵循国际规则的前提下，用别人能懂的逻辑，据理力争，这正是目前我们在谈判中最缺乏的。

接着我们聊了即将开打的汇率大战。 近一段时期以来，我们承受着人民币升值的巨大压力，如果我们现在顶不住这个压力，那对中国经济来说可能会是灭顶之灾。 远的看看我们的邻居日本，一个"广场协议"搞得日本经济20年翻不了身。 近的看看越南，在经历了短暂的经济高速增长后，国际热钱一撤，它的经济马上陷入危机。 这些都是在金融战中惨败的、活生生的例子。 我们要想不重蹈它们的覆辙就必须拿出很大的勇气和智慧应对这次的汇率大战。

然后是房子问题，这似乎是我们永恒的话题。 现在这种高到"不道德"的房价，反映出制造业的危机还在继续。 所以，抑制高房价不是靠什么"二套房政策"就能解决的，必须从危机的根源着手才行。

说到美国的信用卡危机，发生这个危机的主要原因是美国的失业率居高不下。 面对如此之高的失业率，谈复苏还有什么意义？ 很多人乐观地说，信用卡危机意味着金融危机走到了最后的阶段。 我没有那么乐观，我只想说，只要失业率降不下来、民营经济得不到提振，危机就远没有结束。 从它这次的信用卡危机我们能学到什么呢？ 我相信我们不会有美国那样的信用卡危机，因为我们的金融体系远没有那么发达。 但这给我们提了个醒，我们不能重走它的老路。

然后我们又聊了一个关于股市的话题，中国的创业板经过 10 年的筹备终于开板了。 很多人为此欢欣鼓舞，认为这为中小企业融资难的问题提供了解决之道。 可是大家想一想，中国有 900 多万家中小企业，能在创业板上市的有多少？ 所以，现在中小企业面临的问题不是创业板能解决的，改善经营环境对它们来说才是真正重要的。

在聊中国式慈善时，我们发现在中国做慈善要经过多重考验，因为我们没有这种传统，各种机制也相对落后。但是真正做慈善的人还是会得到社会绝大多数人的赞誉。目前我们要做的是完善制度，让慈善成为一种社会传统、成为一种责任。

近些年，大学的腐败弊案层出不穷，这说明大学的危机已经到来，这也是我们整个社会信托责任缺失的一个缩影。 当大学里的老师没有了对社会、对学生的信托责任，大学的危机就不可避免了。 大学是教书育人、搞学术、搞研究的地方，这才是大学之根本，如果脱离了这些，大学还有什么存在的理由呢。

说到联想，2009 年 1 月 6 日联想提出了重组，这意味着它收购 IBM 不太成功，现在想来个华丽的转身。 它曾经是世界 500 强、中国高科技企业的代表，如果连它都转而去做金融、地产、新能源，那我们国家工业的未来就堪忧了。

接着我们又聊到一个争议性话题——奥巴马意外中奖。 美国总统奥巴马，出乎所有人包括他自己的意料，获得了诺贝尔和平奖。 其实，大家不必把这个奖看得太认真，它就是挪威人价值观的一个反映，我们不必为了得这个奖而去刻意迎合。 至于其他的诺贝尔奖项，就我们目前这种浮躁的学术氛围来说，我看是很难获得了。 我们现在关键的不是得不得奖的问题，而是还有没有人踏踏实实地做学问的问题，这是关系我们社会发展、科技进步的大事，必须认真去对待。

说到我们的邻居俄罗斯，它又在重启私有化。 俄罗斯在 20 世纪 90 年代用"休克疗法"推行过一次私有化，其结果是彻底失败。 而对比英国撒切尔夫人时代的私有化，我们发现英国成功的关键是它有信托责任的保证。 所以，这次俄罗斯如果在没有信托责任的保证下重启私有化，我觉得成功的概率还不是很大。

最后，我们又对金融海啸做了盘点。 金融海啸发生一年多了，是该好好总结的时候了。 这场危机起源于美国，但是到现在为止，对我们伤害却最大，因为它绕过金融直接打击到我们的制造业。 对美国来说金融危机来得快去得快，而我们所面对的制造业危机，持续的时间可能会很长。 所以我们现在要重点解决的是如何改善经营环境，帮助众多的制造业企业摆脱危机，这样我们才能真正实现复苏。

我也坚信我们会复苏，但是复苏之路有多长，这不仅取决于我们自身的努力，还取决于我们对国际规则的正确理解和对国际形势的准确判断。 有了这两方面的保障，我们的复苏之路才不至于漫漫无期。

目录

导读　复苏路漫漫，硝烟滚滚来　001

第一部分　热点热议

第一章　透视中美轮胎特保案 003
如此无知，岂能不败　004
10 年前设的局　010
国际谈判岂是儿戏　014

第二章　中美轮胎特保案——中国的反击 021
谈判代表如此业余　022
反击无效　029
唯一的反击机会　035

第三章　汇率大战开打在即 039
汇率的意义　040
美元弱势是为了维持美国强势　043
金融强权　049
谁才是汇率操纵国　053

第二部分　百姓经济

第四章　楼市拐点真的来了吗 061
房价已经高得不道德了　062

065 拉动经济不能只靠房地产

070 房子绑架亲情

077　第五章　信用卡危机是否会降临中国

078 危机四伏

081 无就业复苏

087 量入为出是美德

092 我们会重蹈韩国的覆辙吗

097　第六章　九问创业板

098 十年磨一剑

103 创业板只是少数人的创富天堂

108 改善经营环境才是正道

111 纳斯达克是中国创业板的未来吗

第三部分　社会透视

117　第七章　透视"中国式慈善"

118 做慈善不是我们的传统美德

123 积极地对待慈善

127 他该得到更多的赞扬

131　第八章　大学的危机

132 何谓大学

136 官员型学者

141 不破不立

146 对学术的信托责任

第九章　说说联想这些年 **151**

联想的华丽转身　152

转身背后　155

圈里圈外　160

联想给了我们很多联想　164

第四部分　国际视野

第十章　诺贝尔和平奖：怎么就是奥巴马 **173**

意外中奖　174

和平奖折射出挪威人的价值观　179

中国人的诺奖情结　185

第十一章　俄罗斯重启私有化 **191**

石油撑起的帝国　192

俄私有化之殇　196

从"一马克"到"三定律"　201

瑞典式和谐社会　206

第十二章　金融海啸周年盘点 **211**

金融海啸——我们伤得最重　212

漫漫复苏路　215

民不进，国不退　218

经济版图难以动摇　221

金融海啸中最大的赢家——高盛　227

第一部分

热点热议

第一章
透视中美轮胎特保案

经过一周的"长考"

美国总统奥巴马 2009 年 9 月 11 日决定

对从中国进口的轮胎实施惩罚性关税

即在 4% 的原有关税基础上

在今后三年分别加征

35%、30% 和 25% 的附加关税

这一特保措施于 2009 年 9 月 26 日正式生效

中国商务部部长陈德铭表示

中国政府坚决反对美方采取特保措施

这是严重的贸易保护主义行为

不但违反 WTO 规则

而且违背了美国政府

在 G20 金融峰会上的承诺

是对特保条款的滥用

向世界发出了一个错误的信号

据初步测算

这一特保措施

将影响中国 10 万左右的工人就业

损失约 10 亿美元的出口额

如此无知，岂能不败

我们根本不知道它在干什么，所以我们一败涂地。

（嘉宾介绍：司马南，媒体评论人，独立学者。）

王牧笛：生活无处不经济，郎眼看来不寻常。 郎教授，司马南来了。 你们两位都是说起话来让人心潮澎湃的人，咱今天就聊一个让人心潮澎湃的话题。 只不过这个话题让我们澎湃的同时，可能更多的是愤怒、是困惑、是不解——这就是中美轮胎特保案。 咱们先看一个背景资料：

经过一周的"长考"，美国总统奥巴马 2009 年 9 月 11 日决定，对从中国进口的轮胎实施惩罚性关税，即在 4% 的原有关税基础上，在今后三年分别加征 35%、30% 和 25% 的附加关税。这一特保措施将于 2009 年 9 月 26 日正式生效。中国商务部部长陈德铭表示，中国政府坚决反对美方采取特保措施，这是严重的贸易保护主义行为，不但违反 WTO 规则，而且违背了美国政府在 G20 金融峰会上的承诺，是对特保条款的滥用，向世界发出了一个错误的信号。据初步测算，这一特保措施将影响中国 10 万左右的工人就业，损失约 10 亿美元的出口额。

王牧笛：之前美国对中国发起过 6 次特保调查，这是第 7 次，也是案值最大、影响力最大的一次。前 6 次全被布什政府否决了，这一次为什么奥巴马就通过了呢？

郎咸平：因为他（小布什）是共和党的。你要晓得这一次提出特保案的是谁——是美国工会。你可能会觉得奇怪，美国工会为什么有这么大的影响力？因为民主党的选票很大一部分来源于蓝领阶层，所以产业工人、工会对民主党的影响力是非常大的。而小布什不一样，他是共和党的，共和党是美国富人的党，它的选票来自于富人阶层——华尔街等等，所以它基本上不太理这些工会的问题，所以它才可以否决之前的 6 次。共和党做得到的，民主党做不到，对于来自它票仓的声音，它必须要有些回应。

王牧笛：关于这个特保案，因为旷日持久，而且热度极高，现在媒体有很多观察，我不知道司马老师对这个话题的观察是怎样的？

司马南：我跟郎教授比显然是外行，所以咱们俩是两个角度，我的角度是老百姓的角度，您的角度是专业的角度。 这个事情我倒觉得有几个细节让我特别关注：第一个就是在美国反恐战争打响 8 年之后，第 8 个 "9·11" 那一天，奥巴马宣布了这个事；第二个是美国业界，比方说美国轮胎产业协会，还包括美国轮胎自由贸易联盟，他们反对奥巴马这个决定，这事让人匪夷所思、不理解，反而是钢铁工人协会极力要通过这个特保条款；第三个是，这里面有个 "双十效应"：10 万中国轮胎产业工人会因此失业，同时在美国有 10 万和销售中国轮胎相关的分销商和工人，也因此受到威胁。

郎咸平：看到一些媒体的报道，我觉得有些比较可笑，为什么呢？因为我们没有搞清楚我们的对手是谁。你刚才讲的美国那几个出来反对的组织，简单来讲就是轮胎进口商的同伙，他们从中国拿到轮胎到美国去卖，他们是代理、是中介，所以他们肯定不希望这个事情发生，因为这个事情跟他们利益攸关，所以他们和中国的轮胎业者算一伙的，他们当然反对。但是我们真正的对手——钢铁协会，在这我告诉各位，我们全搞错了，我不晓得我们是怎么翻译的，我把原名念给各位听，非常长，它的原名叫做 "钢铁工业、纸业、林业、橡胶工业、制造业、能源等联合工业和服务业工人国际联合会"。

王牧笛：这么多行业！

郎咸平：我不晓得我们媒体是怎么翻译的，只把钢铁工业放到里面，其实里面还有个橡胶工业呢。

王牧笛：所以我们就纳闷，说这钢铁协会是 "狗拿耗子多管闲事"。

郎咸平：因为我们从来不去了解游戏规则。今天我想谈一个问题——就是美国到底在干什么。我们要不要反制？当然要反制。我们要不要支持政府？当然要支持政府。问题是你要知己知彼才能百战百胜。这个协会是一个什么样的协会呢，我在这里讲一遍给你听，它不仅仅是美国的工会，同时也联合了加拿大以及加勒比海地区的工会，等于全美洲的工会；而且它不仅包括上述提到的几个行业，还包含有色金属冶炼、公共事业、集装箱工业、医药制业，甚至呼叫中心这一类服务行业全部在里面。因此，它的正式名字应该像我们的中华全国总工会一样，叫做"美国全国总工会"。

所以，今天告我们的是美国工会。你可以想象，对奥巴马总统而言，他是以蓝领阶层为主的选民所支持出来的，他能不在乎吗？他非常重视，而且这个机构很了不得。比如说，2006年美国国会中期选举，这个工会特别讨厌其中的一个候选人，这个人的中文译名叫做汤姆·德雷。很有意思，这个工会一反对，汤姆·德雷立刻宣布放弃竞选。这就是工会的力量。还有，奥巴马跟希拉里打得你死我活的时候，就是这个工会出面要求他们所支持的参议员约翰·爱德华斯……

王牧笛：支持奥巴马。

郎咸平：对，而这个人是谁呢？就是北卡罗来纳州的参议员，由于他的出面，北卡州转而支持了奥巴马。

司马南："美国工会有力量"。但是这恰恰和我们媒体上讲的一样，美国是为自己的国内政治找了中国当"替罪羊"。你奥巴马在自己的选票、自己的利益和中国10万工人失业的选择中，让中国做了"替罪羊"，那你这不是选举政治至上吗？这不是当年人家给你选票，你欠下的债，今天让我们来还债吗？我们媒体的说法有什么错呢？

郎咸平：这一次是劳资纠纷所产生的问题。请你想一想，这次他们控诉我们什么呢？控诉从中国进口的轮胎的市场份额从5%增加到了17%，而这让美国轮胎工业工人失业，原先失业4 400人，现在又增加了2 000多，一共6 000多美国轮胎业工人失业。但是请你注意，他们是针对谁，是针对美国四大轮胎公司，包括固特异、米其林、普利司通，还有固铂——这四家，这四家干了什么事啊？祸是它们闯的，就是这四个资本家的公司关闭了美国的轮胎工厂，为什么呢？他们要到中国、越南、泰国等地生产，大量关闭本国工厂的结果造成美国工人失业。而这些工厂到了中国，或者到了其他国家之后，受到当地政府的优待，包括提供免费的土地、提供税收的优惠，当地还有廉价的劳动力。那么在这种优势情况之下，它的成本特低，回销美国造成美国进口轮胎市场份额大幅增加，同时造成美国工人大量失业。所以，美国工会这一次是针对这四家公司发起的进攻，可是呢，又于法无据，因为它们搬到中国去是合理的，是合法的。

王牧笛：所以这个矛头就对准了中国的这个行业。

郎咸平：这个矛头正对中国，为什么？土地优惠谁提供的？税收优惠谁提供的？廉价劳动力又是谁的？你发现都是中国的，所以呢，它干脆就连你一起进攻。

司马南：这次奥巴马批准的这个特别调查，它的前提是中国的市场经济地位国家没有得到承认，美国人不承认，欧洲人也不承认。那你的东西卖得便宜了，它们国内有6000个工人失业，它就找你茬儿，说你不可能这么便宜，因为新加坡没这么便宜，新加坡是市场经济地位国家。

郎咸平：这个我们没有什么好争论的，它们不承认，我们也没有办法。它们这次并不是以这个为主打，它们这次是精心策划的狙击战，我们这次大意在哪里了呢？我们根本不知道它在干什么，所以我们一败涂地。

10 年前设的局

因为这些法案都是根据我们签署的双边协议制定的，它故意设了一个套，而我们也正中它的下怀。

王牧笛：这次很多企业很乐观，觉得这个诉讼根本不可能成功。

郎咸平：它们完全小看了美国工会，那个可是美洲工会，那太可怕了。所以为什么我一直要告诉各位它是个非常"恐怖"的组织。它可以控制美国选举，这个太厉害了，它可以随时要求哪一个国会议员下台，它还可以影响到美国总统的选举，它太重要了。它这次打这个仗，打得非常巧妙，它找了两个你"不容辩驳"的证据：第一个证据是，2004～2008 年中国对美国轮胎出口的数量上涨了 215%，金额上涨了 295%，这使得中国轮胎在美国的市场份额从 5% 增长到了 17%；第二个证据是，同时美国轮胎业的失业人口超过 6 000 人。因此，把这两个一挂钩——中国的份额从 5% 到 17% 然后美国工人失业，所以它就开始进行狙击战。但是这个狙击战不是简单的就靠这两个方面，没有这么容易，你要晓得这次有多少律师参与在里面，那些美国一流律师开始到处寻找证据，甚至找到一些美国的国内条款。他们找到了美国《1974 年贸易法》，该法写明什么时候可以开始提起"战争"：第一，进口大量增加；第二，这个进口是对本国产业构成实质损害或者威胁的显著因素。要注意，是"显著因素"。

王牧笛：这个显著怎么判定啊？

郎咸平：这没解释，所以他们就从这方面开始做文章了。什么叫显著因素，他们提出两个证据：他们的份额下降显著吗？显著；他们的失业人口增加显著吗？显著。那么，他们就开始向美国国际贸易委员会投诉，为什么向它投诉呢？我们回头再来翻阅法令，这些律师太厉害了，因为 2000 年美国国会通过了对华永久正常贸易关系法案，鉴于此法案美国修改了《1974 年贸易法》，在里面加了一个条款，这个条款我觉得我们政府跟行业协会要特别注意。

王牧笛：这是因为 2000 年我们加入 WTO 的时候跟它签的双边协议，是吧。

郎咸平：对，这个条款叫做 421 条款，这个条款非常重要，为什么呢？该条款称，当美国发现在贸易方面中国企业可能对美国企业造成损伤的时候，美国国际贸易委员会，也就是 ITC，有权采取补救措施。这是我们同意的。

王牧笛：ITC 就是最近中国媒体、中国企业指责的那个协会。

郎咸平：然后工会拿出这个条款向 ITC 投诉，ITC 调查后认为结果成立，就立刻报给美国总统。请你想想看，ITC 中投赞成票的几个人都是民主党的大佬，都是支持奥巴马的民主党同盟，他们同意了的议案，对奥巴马而言是多大的政治压力啊！所以这个提案一给奥巴马，他就立刻同意了，没办法。

司马南：这完全是美国的国内政治，但美国根据自己国内政治的需要，奥巴马因为自己的选举利益，就要牺牲我们中国 10 万工人的利益吗？

郎咸平：如果工会找到 ITC，把提案给小布什总统的话，他是不会理它们的，因为他是共和党的。

司马南：所以这还是美国的国内政治。我就发现一个规律，在美国和中国的所谓贸易战里面，也包括人权和其他的很多事情，中国一直是个"替罪羊"。美国人因为两党之争、劳资之争，随便就拿自己国内的一个法案预先埋伏在那，中国人一次又一次上当受骗。

郎咸平：你知道为什么会上当吗？

司马南：为什么？

郎咸平：因为我们不了解它的游戏规则，美国是个法治化的国家。

司马南：但是个很荒唐的法治，他资本家惹了祸跑了，躲到后面去了，然后呢，工会找不到相应的法律来处置他，于是就牺牲掉中国的国家利益。 岂有此理啊！ 这叫什么法治？ 这法治是不公正的法治！

郎咸平：那我请问你，1974 年贸易法案是不是存在的？是不是双方签署的？

司马南：对啊。

郎咸平：因此，它可以根据这个法案提起贸易诉讼。那我再问你，421 条款是不是我们签署的？

司马南：追加的，后来追加的。

郎咸平：因此它更是有理有据了。

司马南：所以这就涉及对法律判定的问题，法律到底是干什么的？ 法律是保障社会公平的。 现在美国人预先埋伏在那，就等着你钻这个套，而我们为了中美两国人民的友谊、为了加入 WTO、为了所谓的长远利益，叫人给涮了。

郎咸平：它就这么做了，你能怎么样呢？因为这些法案都是根据我们签署的双边协议制定的，它故意设了一个套，而我们也正中它的下怀。

司马南：所以我们得出一个谨慎的结论，那就是这件事是美国人的阴谋，是美国人因其国内政治，拉中国人当"替罪羊"。

国际谈判岂是儿戏

你既不懂游戏规则，又不据理反驳，那你不败谁败？

王牧笛：司马老师，我们这个节目聊了很多事情都是美国人的阴谋。

郎咸平：司马老师，我再问你一句话，那你想怎么样呢？

司马南：这正是我要向郎教授请教的。郎教授，依您在美国接受的教育，您告诉我，我们应该怎么样？

郎咸平：这个是问题的重点。你要晓得美国是个很有趣的国家，这件事你可以说它是因为屈服于政治压力。但是还得注意一点就是，美国的律师狡猾得像蛇一样，他们很会钻法律漏洞。

王牧笛：而中国的好多律师连英文还不太熟呢。

郎咸平：真的是这样，我们这个贸易谈判代表叫徐文英，不太会讲英文的，当对方问她问题的时候，她还在说"Pardon（再讲一次）"。这就是我们的代表。

司马南：其实，现在奥巴马面临国内压力最大的不是这件事，牺牲掉 10 万中国工人、中国 10 亿美元的出口额，在奥巴马那都不是事。他现在关注的是美国的医改，因为这件事他需要方方面面的支持，所以轮胎的事他就妥协了。

王牧笛：奥巴马签署轮胎特保案的前一天，刚刚发表了关于医改的演讲。

郎咸平：你讲的都对，他就是搞政治，全世界哪一个国家不搞政治，而且他是于法有据地搞政治，你都没话说。

司马南：这里面有个力量对比的问题。记得吗，以前希拉里对于中国问题一向是指手画脚、居高临下，那老太太牛大了。但是美国华尔街雪崩之后，希拉里一上台就到中国来，态度出奇的好，表扬中国，紧接着希望中国买美国国债。这个背景对我们判断这个问题非常重要。而现在中美之间在金融方面的力量对比发生变化了，因为美国现在经济有复苏的迹象，中国输血变得没有那么重要了。所以有一种判断说，现在奥巴马觉得中国不像在 2008 年年底那么重要了，所以敢于出来一赌，敢于牺牲中国的利益，以求自己在国内能够坐得稳。

郎咸平：我基本上不会反对这个说法，因为这是一个很合理的推测。

司马南：根据郎教授的分析，这事是美国人把我们给涮了，他们真的是在搞阴谋。

郎咸平：我们一开始就这么说，而且人家阴谋搞的还不是跟你胡来的，而是有法律依据的。

王牧笛：您刚才说到两个证据，现在很多中国人对此提出质疑，认为事实认定有问题。比如说，中国方面给出的一个数据，2007～2008 年中国出口美国的轮胎总金额占美国轮胎消费的比例仅增长了 2.7 个百分点，跟美国的数据不一样。

司马南：2009 年上半年还下降了。

王牧笛：2009 年前 5 个月对美轮胎出口额下降超过 15%。

郎咸平：好，牧笛，我们在听证的时候有说过这个数据吗？没有。当美国说我们对它的轮胎工业有显著影响的时候，我们的贸易代表为什么不说这个数据，当时他们说了什么？有一句话很可笑："在目前经济萧条和失业率攀升的情况下，如果提高中国轮胎的价格，只能使这些消费者推迟更换轮胎的时间，从而增加高速公路上的安全隐患。"这是我们当时的回答。我再讲一句话，我请问你，我们的轮胎有没有改变到美国的产业结构，17% 的份额里面有多少是美国四大公司做的？一大半。也就是说，我们中国内资的轮胎企业根本没占什么市场份额。

王牧笛：而且即便有这点市场份额，其中的营销渠道都是美国人把控的。

郎咸平：对，也就是说我们只负责制造，所有产品设计、原料采购、批发零售的环节全部都在美国人的掌控下。因此对于中国这些轮胎制造企业而言，他们根本没有显著的影响力，所以可以根据这个条款否决工会的提案。我告诉各位，美国敢跟你打这个"仗"，方方面面的后果它早就考虑清楚了。

司马南：没错。

郎咸平：中国轮胎都不出口，它也无所谓。我告诉你，美国四大轮胎公司除了固铂之外，全部在泰国、印尼等国有生产厂，这些出产橡胶的国家会卖更便宜的轮胎给美国，这点美国早就想好了。

司马南：所以说固铂的态度跟米其林它们不一样。

郎咸平：因为它就只在中国有工厂。

王牧笛：它在别的国家没有厂？

郎咸平：没有。

王牧笛：所以这件事情对它的打击是最大的，说到底还是屁股决定脑袋。

郎咸平：另外三家无所谓，搬到印尼、泰国去，反而更好。

王牧笛：但问题是你把这些产业搬到那边，你的就业还是上不来。

司马南：美国有个托马斯教授，他说："美国借助轮胎特保措施，每保住一个就业岗位，就将会损失 25 个就业岗位，结果是美国将会损失 2.5 万个就业岗位，这其实对

017

美国就业市场是雪上加霜。"这不是中国的贸易谈判代表说的，是美国教授的说法。

郎咸平：那我们的代表为什么不把这话拿出来说——"如果你不让中国的轮胎进口了，没关系，这四大公司把工厂转到印尼、泰国去，它们一样出口廉价的轮胎到美国，因此美国失业工人的问题还是解决不了。所以，今天不是中国的问题，是四大公司的问题。"当时为什么不这么说。

司马南：换个角度，假如中国贸易谈判代表说了，难道就不是嘴上抹石灰——白说？

郎咸平：不会的。

司马南：说了就有用吗？ 真的是个说法的问题吗？那么，假如郎教授您是中国贸易谈判代表，这件事情会有根本上的改变吗？

郎咸平：如果我去的话，我至少会把刚刚谈到的这几点跟他们讲清楚，这是我们唯一能做的，就是据理反驳，根据数据反驳，我不觉得我们还有别的招可以使。这是最后几招，有可能没用，但是我告诉你这是唯一的，如果太情绪化的话，你更会激怒美国老百姓、激怒美国工会。

王牧笛：这次游说过程中，中方还雇佣了大量的公关公司去游说美国的利益团体，包括媒体和其他相关的人。但是首先游说的过程可能就有一些问题，刚才说到不太注意谈判技巧；还有它选择游说的那些人，更多的还是那些美国轮胎的进口商，他们并不是真正能在奥巴马面前说上话的人。

郎咸平：我们游说的对象就是被美国列为我们的利益共同体的那些人，包括进口商、轮胎制造商等等，而没有想到我们的敌人是谁——是美国工会，这方面我们犯了一个大错，甚至把人家名字都搞错了，什么钢铁协会，你连敌人都没搞清楚，当然就不会去游说它了。

王牧笛：所以在整个中美特保案中，奥巴马其实还是经过了一段时间的思考，他经过了大概有一周时间，借用围棋的术语就是"长考"。

郎咸平：那算是很长的时间了。

王牧笛：他最终拍了板。

司马南：而且在比例上做了点微调。

郎咸平：表达了一点微小的善意，就是35%、30%和25%，差不多下降了10%。

司马南：我们的媒体反复讲一个观点，就是说美国开了一个坏头，假如奥巴马批准的这件事情被其他国家引用的话，那接下来对中国来说将会非常的麻烦。

王牧笛：而且在WTO这个机制下，其他国家就可以直接援引这种制裁方式。

郎咸平：而且你无法上诉，为什么？你到WTO上诉又得两年，这期间它已经罚你两年了，你怎么办？

司马南：我看到一个数据，说2009年6月18日巴西反倾销税，就是对中国子午线轮胎的；2009年5月18日印度对中国发起了第五次特保调查；德国对中国太阳能企业发起反倾销调查……

王牧笛：全都闻风而起。

司马南：接下来还会有更多。

郎咸平：因此你想想看，你既不懂游戏规则，又不据理反驳，那你不败谁败？

王牧笛：这场漫长的利益博弈，或者说是角力结束了，谈判过程已经结束了，现在已经成了一个事实，奥巴马已经拍了板，说要对中国轮胎征收惩罚性关税。那么现在中国商务部方面除了声讨、表达自己立场之外，可能还要实行很多反制的措施，包括现在中国很多激动的网民开始说，要对美国进行报复。这个话题——中国的反制措施——咱们留在下次聊。

第二章
中美轮胎特保案——中国的反击

2009 年 9 月 11 日

美国宣布了奥巴马对于轮胎特保案的裁决结果

就此中美轮胎特保案尘埃落定

其结果给中国轮胎行业带来

沉重打击

更可怕的是

由此引发了多米诺骨牌效应

其他国家纷纷效仿美国

跟风调查

致使中国轮胎行业陷入

前所未有的困境

中国应该如何应对

该不该针对美国的农产品、汽车

进行全面反击

由此引发的后果又会如何

下次遇到此类情况

我们是不是有更好的处理办法

谈判代表如此业余

她在听证中竟然讲了一句绝对不该讲的话，她说我们中国政府鼓励合资轮胎公司的产品出口美国。这就等于说我们的贸易代表承认中国搞不公平贸易。

（嘉宾介绍：司马南，媒体评论人，独立学者。）

王牧笛：郎教授、司马老师，咱们今天接着聊中美轮胎特保案，这是个大事件，牵动亿万国人的心。 20 世纪 70年代，咱们说是乒乓球那个小球使中美关系破局，而现在是轮胎这个黑黝黝的"大球"出来阻碍中美关系的发展。

司马南：这个比喻好。

郎咸平：如果只是中美还好，我很害怕激起全世界其他国家同样的行为。

2009 年 9 月 11 日，美国宣布了奥巴马对于轮胎特保案的裁决结果，就此中美轮胎特保案尘埃落定。其结果给中国轮胎行业带来沉重打击。更可怕的是，由此引发了多米诺骨牌效应，其他国家纷纷效仿美国跟风调查，致使中国轮胎行业陷入前所未有的困境。中国应该如何应对，该不该针对美国的农产品、汽车进行全面反击？由此引发的后果又会如何？下次遇到此类情况，我们是不是有更好的处理办法？

王牧笛：这起事件可能会对整个贸易格局和经济版图造成影响。

司马南：《人民日报》用了一个词，叫做"暴徒般的反击中国"。

王牧笛：而且现在国际上一个流行的论调是，只要是中国产品就必谈反倾销。这个事情现在很麻烦。

司马南：反倾销这个事情的本质是什么，就是中国的市场经济地位人家不承认。这个得不到承认，他一说就是你政府在背后捣乱，一说就是你在倾销，一说就是你以现在这个工资水平根本造不出来这么便宜的东西。可是我们真的造得出来。你美国汽车流水线上的工人一小时工资多少美元，我们的工人一个月工资才多少钱，所以我们真的是用这个成本造出来的。但是美国人不接受，欧洲人不接受，他说你不行，你就不行。他按照新加坡的标准，就说中国是在倾销，所以这是一个大前提。

郎咸平：你知道他为什么会这么想吗？因为招商引资的是我们地方政府，提供土地的是地方政府，提供税收优惠的还是地方政府，因此他们就很难相信我们的经济是真正的市场行为。

　　王牧笛：而且在国际政治上，永远是这种误读比宽容更加普遍。

　　司马南：所以市场经济地位国家这件事是"悠悠万事，唯此为大"。我们今天很多时候的被动就因为在市场经济地位国家这件事情上，我们这块板子没有固定住。

　　郎咸平：就像我们上一章所讲的，他们对我们已经有偏见了，然后在很多政治的考量之下，利用我们自己所签署的法案对我们进行制裁。

　　司马南：我们就像是诚实的乡下人跟县城的骗子打交道，骗子说这事你得交钱，这事你得签协议，这事你得落名。好，我们都按他们说的做了，以为这样我们就能跟人家学习了，结果到最后被坑了、上当了。

　　郎咸平：那我们这些乡下人、农村的老实人，在这种强权的强取豪夺之下，我们发出了微弱的呼喊——是我们的谈判代表徐文英发出的。这位女士她不是学国际贸易的、也不是律师，她是橡胶工业协会的副会长，当然由她去谈判也是对的，她代表行业利益。那我们看看在这种强权的压迫下，她怎么回应的。她说，不是我们中国轮胎的出口影响了美国轮胎工人的就业，而是全球经济下滑导致了美国的一些轮胎企业倒闭。那我问你，对方提出的证据是指的什么时间，是 2004 ~ 2008 年，是在徐文英所谓的经济下滑之前。这四年美国从中国进口的轮胎份额从 5% 上升到 17%，从而使得美国的本土轮胎份额从 62% 降到 50%，造成了 6 000 多人的失业。所以你第一点讲的就是错的。

王牧笛：所以针锋相对的时间有偏差。

郎咸平：对，你完全搞错时间了，根本就不是金融海啸、经济下滑，而是这四年经济最好的时刻美国对中国的进口增加了，美国的失业增加了，那你怎么解释？

司马南：而对中国进口增加的原因是美国资本家把工厂转到中国来了。

郎咸平：那徐文英当时为什么不说呢？17% 里面有多少是美国的四大资本家的？

司马南：2/3。

郎咸平：米其林、普利司通、固特异跟固铂它们占了 2/3，而且我们那可怜的 1/3，连卖都不是我们自己去卖的，我们根本没有什么影响力。

司马南：不但是没有影响力，更重要的是中国橡胶产业利润微薄。

郎咸平：因此，不是因为全球经济下滑，而是你们的资本家自己搞的，你们还怪我们。那当时我们为什么不说呢？

司马南：这是问题的实质。

郎咸平：第二点，她竟然直接批评美国的国际贸易委员会，你怎么能批评它呢？它是什么？它是 1916 年美国国会授权成立的，专门对于类似问题进行调查，如果发现有贸易不公平的事，它会采取一些补救措施，并且这也是我们同意过的，因为我们当初签过协议。因此，这个委员会完全是一个由美国国会授权的真正的执法单位，你还敢批评它。你要做的是向它提供自己的证据，而不是对它进行人身攻击。

司马南：这个委员会的背后还有民主党的背景。

王牧笛：它的那个主席好像也是奥巴马的哥们儿。

郎咸平：叫阿拉诺夫，而且他来自于国会参议院金融委员会，是一个彻头彻尾的民主党人。这次投赞成票的都是民主党人，你在那批评这些人，你不觉得很奇怪吗？

司马南：就是因为我们不懂规则，一个乡下土老帽儿刚刚到城里，被人骗的到处签字。签完了之后，以为加入 WTO 就能拥抱世界、改变中国。

王牧笛：现在很多未曾想到的后果都慢慢地浮出水面了。

司马南：这事让我想起当年龙永图到处做报告说加入 WTO 的意义。龙永图打了一个比方，他说这就好比在农贸市场，过去我们是无照经营的小商小贩，结果人家工商局来了就可以抓我们；现在加入 WTO 就好比是我们在市场里有了自己的摊位，有事可以找农贸市场管理员。殊不知今天我们看到，美国的国际贸易委员会就是市场管理员。

王牧笛：问题在于管理员自己也摆摊。

司马南：它既是裁判员，也是运动员，你和它利益相悖的时候，它就会收拾你。

郎咸平：这还是你同意过的，那还有什么话可讲。

司马南：这就是现实。

郎咸平：所以你也别气了，就是这么一回事。

王牧笛：我们还是得踏踏实实地去研究这个游戏规则。

郎咸平：第三，徐文英本人，当然她也不容易，但我也必须得讲。美国财政部的代表米尔斯代表审判席提出第一个问题的时候，徐文英发现自己不能够完全听懂他的提问，只好请考官重复一次，经过几次重复之后，最后由中方委托律师司布纳代为回答。这点就很奇怪，你不要说跟美国人谈判我干嘛用英文？你不要这么想。你跟德国人谈判也是用英文，你跟阿拉伯人谈判也是用英文，在这儿英文不是外语，英文是必备的。

王牧笛：国际通用语言。

郎咸平：到那儿如果你英文都说不溜你还谈什么？

司马南：这事说到这儿，我们就只好无语了，我们不知道该说什么。

郎咸平：最让人哭笑不得的是她说了什么？她说："在目前经济萧条和失业率攀升的情况下，如果提高中国轮胎的价格，只能使这些消费者推迟更换轮胎的时间，从而增加高速公路上的安全隐患。"我不晓得她哪来的逻辑。

王牧笛：我看记者采访她时，她说有些内容是她前一天晚上临时想出来的。

郎咸平：而且她在听证中竟然讲了一句绝对不该讲的话，她说："我们中国政府鼓励合资轮胎公司的产品出口美国。"人家都不承认你是市场经济国家，你还敢这么说。

司马南：她说的这些，美国人理解起来有困难。

郎咸平：但是，我能不能够请贸易代表到美国谈判的时候，讲美国人能够听得懂的话。

王牧笛：所以我们会发现，她是在该讲什么不该讲什么这个问题上，出了很大的偏差。

郎咸平：而且你这么讲的时候，就等于说我们的贸易代表承认中国搞不公平贸易。

司马南：虽然美国人要这么说的话也需要证据，证明她说的中国政府鼓励出口就等于支持不公平贸易，而不是说根据她的说法就可以轻易判定这一点，但是美国人情绪会受此影响。

郎咸平：因为你这么讲话美国老百姓都听到了，媒体都听到了，就是说我们的贸易代表亲口承认我们是个非市场经济国家，因为中国政府鼓励合资企业出口。

反击无效

它侵略的本质是没有变过的，而且它法律讲得之严谨，让你真不晓得如何反击。

王牧笛：教授，这场谈判现在尘埃落定了，我们由于不是很理解游戏规则，我们在游戏规则面前被对方玩弄。咱们是失败了，现在咱们实行了某些反制措施。我们希望的是，在与这些狡猾的"城里人"打交道的过程中，我们能制裁他们一下，别让他们总欺负我们。

郎咸平：我必须得做个表态，我虽然会善意地批评我们自己的经济政策，但是对美国的时候、对外国的时候，我们的立场是一致的，我肯定支持我们政府。我们当然要联合对外，但是你想想我们应该怎么对外？

王牧笛：现在商务部很快启动了一个反制裁的措施，针对两个领域，一个是肉鸡，一个是汽车。在这两个领域对美国的产品实行反倾销和反补贴调查。

郎咸平：而且这个反制的开始是中国橡胶工业协会

的会长范仁德讲了一句话，他说："我们希望能够在农产品和汽车进口方面对美国采取措施。"

王牧笛：而且这两个领域将涉及美国超过 20 亿美元的产品出口，与中国向美出口轮胎的金额旗鼓相当。

郎咸平：还有人提出应该对大豆行业进行制裁。

王牧笛：大豆很难啊，我们的食用油基本上都被美国垄断了。

郎咸平：我们的制裁，包括肉鸡，包括汽车，原因是这两个加在一起的份额大致和轮胎相同。那我问你，你有没有想到后果呀，你能不能选个好一点的产品？

王牧笛：但我们本身的底牌就很少，我们能够拿来制裁美国的产品本来也不多。

郎咸平：对。

司马南：现在有一个说法，说中国对美采取的反制举措有理、有力、有节。在这"三有"当中，"有理"我们肯定是有理的；这个"有节"，我们选肉鸡和汽车这两个领域，因为我们是想以同样的力量，选择一个角度，还他一拳。

郎咸平：别打多了，要不人家又不高兴了。

司马南：我们在有节这一点上，现在需要研究的问题是，我们是不是有这个力量。如果没有的话，我们打过去一拳后，反倒叫人再摔我们一个跟头，那我们岂不是受损更大？

郎咸平：那我们讲讲汽车好了。我们这个汽车工业经过多年努力好不容易把关税降下来，你现在又要涨回来？你提高整车关税就解决问题了吗？这几大外资汽车公司能不能进口零配件进来组装呢？它们在中国各地都有组装厂，可以很方便地把零配件进口到中国来组装，这样你还是解决不了问题。那我再问你，你是不是要对它零配件也提高关税啊？零配件再提高关税的话，那就不是相对应的拳头了，那就不知增加了多少拳了。

王牧笛：起码老百姓买车就更困难了。

郎咸平：到时候，中国通货膨胀就起来了。美国人可以说，轮胎特保案是根据《1974年贸易法》、2000年的《中美关系法》。虽然我们都知道他很可恶，他包藏祸心，但是人家有法律依据。那我请问你，美国的汽车犯了你哪一条，如果美国国会举行听证呢？

司马南：我们就会更被动，我们像是一个被气急了的农民，在法庭上瞪着眼睛大叫，但是法庭它是不看情绪的。

郎咸平：再说肉鸡，你又触到了美国一大工会——农业工会，你和工会斗得还不够啊？一个工会已经够可怕了，你还想去斗美国汽车工会、美国农业工会。各个国家对于农民的保护都是不遗余力的，包括美国在内。美国为什么压迫日本开放它的农产品进口，就是为了解决美国农业的出口问题。美国政府对于农业方面一定是锱铢必较、斤斤计较的，那你是不是想在这方面继续跟美国"开战"？到时候你不但要跟工会"开战"，你还

031

要跟美国政府"开战"。

王牧笛：而且这还会损失中国相关产品进口商的利益，就等于是中国轮胎工人的这些损失，让另一部分中国人共同来承担。

郎咸平：对，也就是说汽车、农产品相关的行业将会因为轮胎而受到打击，同时我们会进一步得罪美国工会。你告诉我你干嘛选这两个？

王牧笛：你看现在网友出主意，说中国现在没有什么好的武器，可能采取的几种措施，第一个就是刚说到的在那几个领域进行反击，还有一个方式就是在 WTO 这个机制之下去申诉。

郎咸平：不可能，这要两年的时间。

王牧笛：这个时间比较漫长。

郎咸平：到时候人家已经罚你两年了，还剩一年就罚完了。

王牧笛：而且你看美国选的三年这个时间，正好赶上金融危机快到末了的时间，等把这段萧条期一过，它经济回暖以后，再让中国产品进来。

郎咸平：人家制裁你是精心策划的，而我们的反击则是仓促应战。

王牧笛：网友还说到关于大豆领域的反击，但咱们之前聊过这个话题，中国整个食用油领域几乎被外资垄断殆尽。 在这种情况之下，如果我们对它报复的话，我们可能吃饭就没有油了。

司马南：大豆同样是人家精心策划的产物。

郎咸平：**人家就是精心策划，那我们又能怎样？**

司马南：我和牧笛老家都在东北，以前那是满山遍野的大豆高粱，现在叫美国人弄得没市场了。

郎咸平：**这就是金融战，你可以骂它，但是改变不了现实情况。**

司马南：这个事情充分说明，今天的世界依然是弱肉强食的世界，今天世界的法则只是"丛林法则"略略做了一点修正，今天的强盗是讲法律的、斯斯文文的、喝咖啡的、西服革履的强盗，面对这样的强盗我们这个乡下农民是没办法的。

郎咸平：**它侵略的本质是没有变过的，你要晓得这一点。而且他这个法律讲得之严谨，让你真不晓得如何反击。我告诉各位现在不是反击的问题了，我必须放一句马后炮，当初你根本就不能让它发生，当初你不晓得这件事的后果有多严重。**

王牧笛：有法律依据、讲道理、讲逻辑的强盗更加可怕。

司马南：现在是"与狼共舞"的时候，狼咬了你，因为你跟它共舞。

王牧笛：我们既然融入这个国际社会，不"与狼共舞"也不行啊。网友还想了个主意——不买美国国债。

郎咸平：**那我问你，你想买什么呢？**

王牧笛：这是个比较根本性的反制措施。

033

郎咸平：那你想买什么？

司马南：不买美国国债又没得买。

郎咸平：买德国国债？那不跟我们广东省一样大吗，你买它什么国债？怎可能嘛！

唯一的反击机会

这是这个弱肉强食的国际环境给你的唯一机会，就是在它审判你的时候，你据理力争，拿出数据来反驳它，拿出道理来反驳它，而不是在那里情绪化地吼叫。

王牧笛：民间给出的基本就是这几种反制措施。

郎咸平：基本都不可行，如果是我来主导这件事的话，我一定会告诉相关的人，千万不能走到这一步。

司马南：原来有没有人想到后果，如果想到了，为什么走到这一步？

郎咸平：基本上没有人想到。

司马南：我们的预警机制在哪里？

郎咸平：基本没有。这么复杂的国际贸易，我们竟然找橡胶工业协会的副会长去谈。这么重大的事情你晓不晓得后续的结果有多严重。其他国家要都来仿效呢？这么大的事情你怎么能让它发生？

司马南：美国的工会有这么强的力量也是我们始料未及的。那么现在呢？我们现在是个大胖子，虽然看着很高大，但是从来就没有练过武术，跟人对打根本就不行。如果我们要做出某种改变的话，我们的生理结构就要满足跟人家对打的需要，我们的工会哪里去了？

郎咸平：我们内地很多企业也有工会，不过工会通常都办些娱乐活动，请请周杰伦来唱个歌。

司马南：周末组织看个电影、分个黄花鱼。

郎咸平：这是我们工会在干的事，跟美国工会完全是两回事。

王牧笛：既然不能够未雨绸缪，那能不能亡羊补牢？

郎咸平：可以呀，下次再谈判请你先了解游戏规则之后，找真正的专家、懂英语的专家，按照我们刚讲的这套方法去谈判。这是你的唯一机会，虽然是不公平的机会，但这是这个弱肉强食的国际环境给你的唯一机会。就是在它审判你的时候，你据理力争，拿出数据来反驳它，拿出道理来反驳它，而不是在那里情绪化地吼叫。

王牧笛：就是说我们用强盗手里的逻辑，再去跟讲逻辑的强盗谈判。

郎咸平：因为他是个伪君子，你拿出数据来反驳他，他表面上不能把你怎么样，说不定就可以制止这个强盗。因为他想用这种文明的方法来进行他实质的侵略，你就得用文明的方法来和他对抗。

王牧笛：中国古话叫"吃一堑，长一智"，我们吃了这一堑，就应该生成某种智慧，尤其是理解国际游戏规则的智慧。

郎咸平：那么下一次如果跟美国谈判的话，就不能再简单地派个工业协会的会长、副会长去谈判了，英文都说不溜，到最后你失败的话，后果会很严重。现在其他国家的争相仿效是我们最担心的事。

王牧笛：像印度就发起了对中国乘用车轮胎的特保调查，这是印度 2009 年第 5 次特保调查了。这都是开始跟风的。然后巴西的外贸协会对中国的子午线轮胎征收最终反倾销税，有效期 5 年，比美国还长两年。然后德国对中国太阳能电池板进行反倾销调查。现在世界各国风起云涌地针对中国的产品进行反倾销调查。

郎咸平：因为大家都跟着美国这个老大走。

司马南：而且除了轮胎以外，我们的贸易谈判代表还承受了其他的压力，比方说美国的谈判代表，除了轮胎的事以外，他对中国的财税政策也指手画脚，美国人的那种傲慢、那种居高临下，让我们的贸易谈判代表真的是非常气愤，所以也应该理解我们的谈判代表。

郎咸平：理解。

司马南：还有美国人什么都干得出来，记得美国金融危机最严重的时候，它提出 7 870 亿美元的经济刺激计划，这个计划里边有一个条款就是"用美国货"。你能相信吗？一个市场经济地位国家，一个整天喊着坚决反对贸易保护主义的国家，竟然就这么干。

王牧笛：然后当中国政府一旦说我们要用中国货的时

候，美国马上质疑，马上发动媒体攻势。

郎咸平：说你不是市场经济。

司马南：而且我们在和美国人打交道的时候，我们是这样：美国人经济危机了，我们的总理马上说，在危机面前，最重要的是信心，并第一个表态说我们要买美国国债。就是说中国在地球村里表现的有情有义、有大局观念，然后牺牲自己的利益拯救世界。但美国不是，美国是老大、是村长，但是它这时候想到的是自保，想到的是怎么牺牲其他村民，但是嘴上又满口仁义道德。

郎咸平：还穿着西装，左手拿圣经，右手拿法条。

王牧笛：像之前的亚瑟王跟他的骑士在开会的时候用的是圆桌，以后国际上就都借鉴了这种形式。圆桌会议意味着什么？意味着没有首席。可现在国际谈判的圆桌会议上，都分明设了这么一个主席的位置。

司马南：美国那个众议院一开会，全世界的事就都由他们决定了。干涉别人、随便制裁别人，对他们来说是家常便饭。

郎咸平：而且被制裁的多了，还不只是中国，日本都被制裁过，这种事情很多。

王牧笛：那你有什么办法呢？本身谈判桌上就铺的是美元的桌布，他们又拿着他们所谓的民主的刀叉。

郎咸平：所以，摆在我们面前的只有一个选择，就是我上面讲的，根据他所提出的数据来反驳，就是这样。如果我去谈判，我相信我会成功的。

第三章
汇率大战开打在即

最近一段时间

关于人民币汇率问题的争论烽烟再起

2009 年 10 月 3 日

西方七国集团在土耳其伊斯坦布尔

举行财长和央行行长会议时

再次要求中国人民币升值

而在美国国内

一些劳工和制造业团体

也敦促总统奥巴马

在财政部即将公布的报告中

正式将中国列为汇率操纵国

汇率大战开打在即

人民币升值压力骤增

中国做好准备了吗

汇率的意义

汇率真正的意义是什么？是各国政府为达其政治目的之手段。

（嘉宾介绍：李银，《21世纪经济报道》资深编辑。）

王牧笛：最近看到教授的一篇演讲稿，您谈了中国经济的内忧和外患，说了五大内忧、三大外患，今天我们就聊一下第一大外患——汇率战。

李　银：目前最适合聊这个话题。

王牧笛：现在人民币面临的升值压力很大。来看一个背景资料：

最近一段时间关于人民币汇率问题的争论烽烟再起。2009年10月3日，西方七国集团在土耳其伊斯坦布尔举行财长和央行行长会议时，再次要求中国人民币升值。而在美国国内一些劳工和制造业团体也敦促总统奥巴马，在财政部即将公布的报告中正式将中国列为汇率操纵国。汇率大战开打在即，人民币升值压力骤增，中国做好准备了吗？

李　银：真的是像一场货币战争，那本书出名还是有道理的。　现实的货币战就要开始了。

郎咸平：那本书里面是胡说八道的。

王牧笛：起码书的名字是对的。

李　银：我有几个朋友放假的时候去澳大利亚和美国旅游，回来之后就拿着一些没有花完的美元和澳币问我说，这个钱还值不值钱，需不需要换回人民币？　我觉得这个问题教授回答比较合适。

郎咸平：你太小看美国了。你以为美元贬值是因为美元不值钱了，美国不行了——你完全搞错了。什么叫做汇率？你以为像教科书上所说的，我们国家贸易顺差所以人民币汇率要升值，贸易逆差就要贬值？那都是胡说八道的话。

李　银：事实总是偏离教科书的。

郎咸平：汇率真正的意义是什么？它是各国政府为达其政治目的之手段。你看在金融海啸刚开始的时候，我们都说美国完了，美元扛不住了。而美国为了应对金融海啸，你知道它印了多少钞票吗？印了那么多钞票之后，我们说美元完了。

王牧笛：增印了150%。

郎咸平：对，这150%是什么概念？结果就是，从

2008 年年底到 2009 年 3 月 31 号，美元对欧元升值了 30% ~40%，你看它不但没有贬值反而狂涨。别太小看美国。

王牧笛：这是什么道理呢？

郎咸平：美国把汇率当成达到它政治目的的手段来操纵，所以真正的汇率操纵国是美国而不是中国，只是我们没玩过这个战争，也看不懂。当然我是人微言轻了，如果今天我有发言权的话，我一定到美国控诉，是它在操纵汇率，根本不是我们。我们能操纵什么汇率？你美元凭什么在这段期间大幅升值？根本就不合理，完全违背了美国经济的基本面，你这就是操纵。

王牧笛：2008 年 11 月份到 2009 年一季度的时候，世界主要货币都在贬值，只有美元一枝独秀。

郎咸平：对，为什么呢？操纵。

美元弱势是为了维持美国强势

它这么做一定是有目的的，它这么强大的国家，几乎可以操纵全世界的定价权。

李　银：我们可以观察一下美元升值和贬值的时间点。这段时间美元又开始有点弱势了，很多人说美国是不是要走弱势美元的道路。

郎咸平：它走弱势美元的目的是什么？它这么做一定是有目的的，它这么强大的国家，几乎可以操纵全世界的定价权。

王牧笛：就是说美元弱势是为了维持美国强势。

郎咸平：对。

李　银：美元弱势是为和贸易战结合到一起。

郎咸平：或者是为了维护美国的强势，而透过弱势美元打击某些国家都是可能的。举个例子来讲好了，1985年美国怎么对付日本的，它不可能像对付伊拉克跟阿富汗一样去打日本。那怎么办？金融战对付日本。所以 1985 年就搞了个"广场协议",这是美国、英国、德国、法国、日本联合签署的。当时日本的领导层对什么叫做金融战完全没有概念,他们竟然会在"广场协议"上签字。你知道他们签完字什么结果吗?日本政府一签字,就等于说日本政府向全世界保证日元会升值,下一步就是全世界热钱流向日本买日元,因为大家都知道日元会升值,这是你日本政府保证了的。那不得了了,日元真的从 1985 年的 260 日元兑换 1 美元最高涨到了 80 日元兑换 1 美元——完全摧毁了日本的出口。

王牧笛: 你看我这有一个数据说,从日元当时实际有效汇率来看,1985 年一季度到 1988 年一季度升值 54%,1990 年二季度到 1995 年二季度升值 51%,到 1998 年、1999 年还升值了 28%。

郎咸平: 请你想一想日元这么升值的话,日本出口怎么办?

李 银: 对,这是一个很大的问题。

郎咸平: 日本出口遭到全面打击之后,这些出口制造业企业家都不想干了,包括三菱啊、日产啊,他们都不想干了,那怎么办呢?美国就开始琢磨了,如果日本的出口制造业企业家不想干了,他们会干什么呢?干脆逼迫他们炒楼炒股算了。所以,到 1987 年美国财政部长贝克就对日本施压。因为 1987 年美国股灾,所以他表面上说让日本降低利率,什么意思呢?日本降低利率之后美国利率就比较高,国际资金就会大量回流美国,帮助美国一下。这听起来很好听，但其实是美国的阴谋。

日本利率降低的结果是，那些出口做不下去的企业发现银行的钱这么便宜，因此大量的向银行借钱去炒楼、炒股、炒地皮，造成像今天中国一样的困境，日本实体经济开始解体。1989 年的时候，美国再投下一颗"原子弹"——日经指数看跌期权。什么叫看跌期权？当然我们在这里不用讲得那么复杂了，简单来说就是，日经指数只要跌的话美国人就能赚钱，如果涨的话日本人赚钱。他们就在 1989 年年底，日经指数高达 38 000 多点的时候，抛出这颗"原子弹"。日本当时还搞不清怎么回事，美国人在赌什么？美国人就是在赌日本股指大跌，那时候日本人根本就不相信他们的股指会跌，只有美国人相信，因为全部都在他们的精心策划当中。

李　银：然后来了一个"失落的十年"。

郎咸平：然后日经指数真的跌了，而且是狂跌，美国人狂赚，日本人狂赔。日本实体经济解体之后，虚拟经济也解体了，这造成了它 20 年的萧条，直到今天，同时也使日本永远成了美国的附庸国。

王牧笛："广场协议"之前日本可是很嚣张的，当时世界上不是"中国制造"而是"日本制造"。而且美国媒体评论："日本将和平占领美国。"

郎咸平：日本人当时可以对美国说"NO"了，牛得不得了了，跟我们今天一样。

李　银：但是中国必须要向人民币升值说"不"，现在必须要说"不"。

郎咸平：该说"不"的时候就不一定会说了，因为我们不晓得后果有多严重。

李　银：其实 2009 年 10 月初的时候，易纲（中国人民银行副行长兼国家外汇管理局局长）已经表态了，说人民币即使是升值，也不是因为其他国家的逼迫。

郎咸平：那我可以告诉你，它一定是因为其他国家的逼迫升值的。压力太大，这次除奥巴马之外，又有七大工业国，还有国际货币基金组织，都在逼迫你，你能扛多久？

王牧笛：所以，最近财经媒体人牛刀，在网上发表一篇文章说，G7 土耳其峰会正在复制中国的"广场协议"。

郎咸平：没错。

王牧笛：西方七国在联合向人民币施压，包括美国国内劳工和制造业团体也在施压。

郎咸平：我再告诉你们一个不幸的消息：现在国际所有的财团、金融炒家都在赌中国这一次扛不住，因此大量热钱会来炒人民币。只要他们这么做，人民币就不得不升值。美国政府就是用过去这么多年的经验，向全世界发出一个信号：在我们压力之下人民币一定升值，因为中国政府扛不住。只要做到这一步，它什么事都不用做，就像 1985 年的日本一样大量的热钱流入中国，人民币就不得不升值，这就是结果。

王牧笛：我发现了一个很有意思的现象就是，美国人在人民币汇率这件事情上，它有时候提起来，有时候放下去。比如说奥巴马在竞选总统的时候，他也指责中国是汇率操纵国，而且还批评小布什当时不给中国贴上汇率操纵国的标签。结果到了2009年4月份美国财政部第一次公布报告的时候，奥巴马也跟小布什一样没有将中国列为汇率操纵国。当时中国媒体称之为"中美汇率大战擦肩而过"。

郎咸平：因为美国当时的政治目的是确保自己能够脱离金融海啸的险境，因此它一切的目标就是保美国，它没时间搞你中国。但是我再告诉你，2009年7月中旬的时候，美联储主席伯南克，在国会听证调查中说了一句话："2009年4月份之前，美国已经安然度过了金融海啸的危机。"现在我告诉你，它开始要对付中国了，就这么简单。

李　银：此一时彼一时。

王牧笛：包括盖特纳那么强硬的人物，他在候任美国财长的时候就面无表情地指责中国操纵汇率，结果来华后换了个词，说中国以前是操纵汇率，现在叫"灵活汇率"。

郎咸平：这是国家的政治目的，它的目的是什么呢？要维持美国超级强国的地位，必须打倒所有的威胁，包括中国，包括俄罗斯。

李　银：所以它逼迫人民币升值不是它唯一的目的，它的目的是让中国开放这个金融体系、金融市场。

郎咸平：开放金融市场不可能一步到位，需要很长的时间。如果中国政府现在开放了金融市场那就完了。我们的操纵手法是不如美国的，美国可以透过金融战来打击我们，因为它的水平高。

王牧笛：教授早些年在接受采访时曾经说过，金融是最不能国际化的一个东西，一旦金融国际化，我们没有相关的人才。

郎咸平：这就是问题。

金融强权

这一切都是美国在后面操纵，否则它怎么是世界超级强权呢？你以为它只是军事力量强吗？它的金融实力其实更为强大。

王牧笛：这次美国重提中国操纵汇率，而且是来势汹汹。

郎咸平：这次它来真的了。

王牧笛：而且你注意到，这次又有一个身影出现了——劳工和制造业团体，它还在向奥巴马施压。

郎咸平：对，那都是精心策划的结果。你以为工会有事没事就来找我们的麻烦吗？那为什么以前不找呢？为什么从 2009 年 9 月份才开始呢？那都是精心策划的战争啊。他们想透过贸易战、汇率战、成本战全面狙击中国，尤其打击我们的出口，让我们出口衰退，让我们中国难以复苏。我认为这就是美国的目的。我们的问题是什么？就是我们受到所谓自由经济的毒害之后，还认为这就是市场经济—— 一个自由竞争的经济。

李　银：甚至还有人认为美元是公平的货币。

郎咸平：我们甚至说我们要保持公平的贸易，我们完全搞错了，这一切都是美国在后面操纵，否则它怎么是世界超级强权呢？你以为它只是军事力量强吗？它的金融实力其实更为强大。

王牧笛：我们还按照教科书式的理解认为，汇率是调节国际收支的工具。

郎咸平：人家把它当成狙击你的手段，你还把它当成调节收支的工具。现在好了，你不是当它是调节收支的工具吗？现在你每个月还有出口顺差，那你人民币得给我升值，因为你就这么理解的。那美国呢？它从2008年年底到2009年3月31号是贸易逆差，那美元应该贬值才对，干嘛升值？我们为什么不反问它？而欧盟这段期间是贸易顺差，为什么欧元是贬值的，你为什么不像人民币一样升值啊？这是欧美联合在操纵啊，真正没有操纵汇率的是我们。

王牧笛：中国的汇率机制从2005年开始有了变化，现在咱们的汇率既不叫浮动汇率，也不叫固定汇率。

郎咸平：现在叫"脸盆里的浮动汇率"——有限制的浮动。脸盆也不大，跟大海比只是沧海一粟，意思就是小小的浮动一下。

王牧笛：张五常有一种说法，他说："我从未见过有人走到商店里对老板说，商品价格太低了，你必须加价，否则我不买。美国人要求人民币升值就是要求中国产品提价，这世界真是深不可测。"

郎咸平：因为他还在用供需的原理来看问题，其实这样讲是不对的。

李　银：汇率问题已经脱离这个了。

郎咸平：人家美国早就脱离这个了，人家是什么水平。现在就是叫你升值，不是说美国人想买贵的东西，而是升值之后将打击你中国未来的经济发展，这才是美国人想干的事。

王牧笛：但是每回提到人民币升值，官方、学界跟老百姓的观察是有差异的。因为在这些手持人民币的老百姓看来，人民币升值应该对我们是有利的，因为他们觉得自己手里的钱值钱了，可以买到更多的东西，可以出国旅游了。

李　银：人民币升值只有在出国的时候最有用。

郎咸平：我们是这么想问题。但英镑贬值的时候，你知道英国的财政大臣怎么说的？他说英国的经济可以好起来了，因为英镑非常便宜，大家可以多来英国旅游。

王牧笛：人民币一旦顶不住压力升值了，对中国造成的最大伤害是出口。

郎咸平：那完了。中国出口已经很衰退了，如果加上贸易战、成本战、汇率战再来冲击中国的出口的话，那我相信中国的经济复苏就会变得遥遥无期。

李　银：在美元调整的过程中受伤的还有伊朗。我们记得伊朗当时把所有的美元都换成了欧元，但是从2008年9月到2009年4月欧元贬值了25%，现在它的财富也大缩水。

郎咸平：这还好，因为总是会涨回来的。

李　银：可是当石油期货跟美元发生关系的时候，美元就已经不再是真实的市场价格的反映了，它完全是一种为到达政治目的的手段。

王牧笛：刚才说到伊朗，2009 年 9 月份的时候它就宣布，要用欧元来取代美元作为外汇储备货币。然后中国媒体方面就说，石油抛弃了美元，美元开始走向没落已经是不争的事实了。

谁才是汇率操纵国

2008 年 11 月，美国政府再一次出手操纵，它手段太厉害了，我到 2009 年 3 月才看懂。

郎咸平： 美国政府保护美元的决心和中国政府保护领土完整的决心是一样的。你千万不要低估了美元，而且不要在这方面来挑战美国，伊朗可以挑战，因为它们本来就是敌对国，我们有什么必要掺和呢？

李　银： 而且特别有趣的是，美国 2009 年 7 月份投入大概是 23.7 万亿美元，中国的外汇储备才 2 万亿美元，还不够美国的零头。 美国印了这么多的钞票，而它的货币流动率还没有多高，这里面真是玄妙。

郎咸平： 人家这是水平。在 2008 年金融海啸刚开始的时候，我们很多学者说，美国不行了，我们有 2 万亿美元外汇，让我们去帮助美国吧。你还记得吗？

李　银： 天真的说法。

郎咸平： 这就是无知、天真、傻。你刚才讲的数字是美国财政部审计总长说的，他说美国到 2009 年 7 月份为止，大概要投入 23.7 万亿美元。也就是说我们中国那区区的 2 万亿美元外汇还不够人家一个零头。我想拿这个 23.7 万亿教育我们的老百姓，我们要晓得我们的对手有多强大，而且投入这么多钱之后你发现美国还没有通货膨胀，你看人家是什么水平，这就是操纵。

李　银：整个金融危机的过程成了美元升值的过程。

王牧笛：你在整个金融危机周期中看美元的涨跌，你会发现一个很有意思的现象。咱们一直说美元跟金价之间以前一直是跷跷板的关系——这个涨那个跌，这个跌那个涨。但是从 2008 年 11 月份到 2009 年一季度，美元跟黄金是一起升的。而到 2009 年 4 月份，尤其 2009 年 8 月份以来，黄金已经达到历史高点，而美元反而走到一个很低的位置。

郎咸平：也没多低。黄金对于美国政府而言就是个手段，美元的价位才是它真正的目的，所以美国是透过操纵黄金来巩固美元。它如何操纵呢？比如，今天美国想拉抬美元价格，它会指令华尔街的金融资本进入黄金市场抛售黄金，抛售的结果就是打压了金价，让黄金投资人受到损失，然后这些黄金投资人就会离开黄金市场转而购买美元，美元价格就上升了。这就是为什么美元跟黄金价格走势总是相反的。但是到了 2008 年 11 月之后，情况就不一样了，我再一次看到了美国政府出手操纵。因为在金融海啸的压力之下，大量的投资人抢购黄金，所以黄金价格势必大涨，黄金价格一涨，按照我刚刚的说法美元就要跌了，可美国政府不能让美元跌，因为在金融海啸时期维持强势美元是美国的既定国策，因为它要借钱，就这么简单。

王牧笛：弱势就没有人借给它了。

郎咸平：所以它必须要维持强势美元。可是全世界抢购黄金的结果，金价一涨美元必跌。那么这个时候，美国政府再一次出手操纵。它太厉害了，其实它2008年11月就开始操纵，我到2009年3月才看懂，我还是水平有限。

王牧笛：没关系，我们现在还没有看懂。

郎咸平：当时美国政府看到这么多人抢购黄金，它立刻拟订了一个伟大的方案。在阅读了所有黄金期货交易所的交易资料后，我发现当时有两家公司进入黄金市场，一家叫做高盛，一家叫做汇丰银行。它们进去干什么呢？我以为它们又要抛售黄金打压金价。

王牧笛：这不是以往的策略吗？

郎咸平：结果这次竟然看到它们狂买黄金，我以为我看错了。当时都没看懂，到最后才搞懂，它们狂买黄金的结果让金价在2008年11月底短短几天之内，由700美元一盎司涨到了1000美元，几天就涨了这么多。这立刻就激起了全世界黄金投资者的恐慌，大家都抢着来买黄金，这样金价更要涨了。而就在这个时刻，美国政府开始透过媒体发言，说金价要涨到2000美元。这么一讲，更多人来抢购黄金。可这一切完全在美国政府的操纵之下，请问各位，买黄金必须要用什么货币？

李　银：更多的美元。

郎咸平：一定要用美元买。举个例子，对于欧洲人而言，他为了买黄金必须先抛欧元——欧元跌，买美元——美元涨，再买黄金——黄金涨。所以就造成了黄金跟美元同涨的局面。你发现在金融海啸最危急的时刻，全世界的老百姓都在抛售本国货币，所以包括欧元、澳元、加元全跌，只有美元涨，你知道这有什么意义吗？那就是美国完成了一个伟大的历史任务，在金融海啸最危急的时刻打败了欧元、澳元、加元，让美元成为全世界唯一的避险货币。美国政府这个做法，我相信10年后会写入教科书，到那时我们就看懂了。

王牧笛：然后到了2009年4月份的时候这个历史使命已经完成。

郎咸平：所以它就不需要再升值了，所以从2009年4月份开始贬值了。贬值有什么目的？那就是美国在追寻下一个政治目的，所以我请各位注意美元贬值的时候你千万不要高兴，它一定有下一个政治目的，不过目前我们还不知道是什么。

王牧笛：所以咱们说美国才是最大的汇率操纵国，而中国的人民币是被要求操纵。 你看2005年有一个很著名的事件：美国两个参议员要求人民币一次性升值27.5%，如果不升就向中国征收27.5%的惩罚性关税。 当时很多人问这 27.5% 怎么算出来的？

郎咸平：那都是胡算一通的。因为我自己是专家，我可以告诉你，根本算不出来，没有什么理论可以算出升值多少是正确的，那都是瞎掰的。

王牧笛：像 1997 年、1998 年亚洲金融危机的时候，人民币不贬值，美国人觉得值得称道，说你负责任。 所以那个时候在美国国内根本没有人说中国操纵人民币汇率的问题。

郎咸平：因为符合美国的利益，对不对。而且我跟你讲，这个亚洲金融危机说不定是美国人搞出来的。请你想一想，1985 年打击日本，日本永久沉沦。1997 年，亚洲又多了 8 个国家和地区——四小龙加四小虎，它们也是得意得不得了，可以对美国说"NO"了。我甚至怀疑索罗斯就是受美国政府的委托来打击亚洲的。

王牧笛：而且那次危机跟汇率的关联也很大，当时导火索就是泰国改成了浮动汇率。

郎咸平：一改浮动汇率当天下午就被狙击，然后演变成亚洲金融危机。亚洲金融危机之后，四小虎全死，四小龙死了两条半，亚洲奇迹没了。2008 年 4 月份，另外一个社会主义国家越南又起来了，美国再次打击越南，造成了 2008 年 4 月份的越南经济危机，越南从此沉沦。所以，每一次的金融危机基本上都是美国造成的。

王牧笛：而你看 1997 年亚洲金融危机之后到 2001 年之间，由于美元走强，而人民币汇率是紧盯着美元的，人民币也跟着升值，所以美国国内也没有这个声音；到了 2002～2005 年的时候，人民币跟着美元走弱了，美国就开始要求人民币升值。 我记得 2003 年 9 月份的时候，人民币升值的压力特别大，争吵也特别激烈，当时教授就在广州的一个论坛上说，人民币应该一次性贬值 2% 以打击游资。

郎咸平： 因为你一定要打破全世界金融炒家的预期，就是要告诉他们，当我们受到压力的时候，我们不一定会升值，我们可能贬值。你只要打破他们的预期，这一次他们就不敢乱来了。

王牧笛： 20 世纪 70 年代的时候，美国人就对贸易逆差忧心忡忡。 当时弗里德曼就跟美国人说……

郎咸平： 他忧心什么？ 他胡扯。

王牧笛： 当时弗里德曼说了一段话，我觉得很有意思，他说："如果我们（美国）对外贸易的逆差永远这样保持下去的话，那是妙不可言的一件事情。 那意味着我们只要发展印刷这一项产业就可以让所有美国人过上幸福生活，我们只要用一些绿纸票子就可以换回我们所需的产品和服务。 世界上还有这样的好事吗？"

郎咸平： 对啊，这就是为什么美国要脱离金本位，就是不想被限制发行美元。由于美元是清算货币，因此只要美国政府不断地印钞票，每一个美国人都可以睡大觉，就可以向中国买进所有的产品。这就是美国人目前在干的事，弗里德曼刚才那句话把这个问题讲清楚了，其实这就是美国一贯的伎俩。

第二部分

百姓经济

第四章

楼市拐点真的来了吗

2009 年 8 月份以来

楼市价升量跌再次上演

"金九银十"这一房地产市场的传统旺季

日渐成为泡影

最新数据显示

2009 年 9 月份第 2 周

北京、上海和广州成交量环比

均出现再次回落

深圳新房成交量也继续低位震荡

与此同时

房价却依然是高位盘整

一线城市房地产市场的量价关系

显示出前期透支的征兆

业界对房地产泡沫化的担忧与日俱增

有观点甚至认为

房价上涨迅猛、"地王"频现、投资加剧

而购房者观望情绪加重等现象

就是拐点将现的标志

中国楼市似乎又走到了一个岔道口

房价已经高得不道德了

这些本来应该投到实体经济的钱投到了房地产之后，就不会再回实体经济了。

（嘉宾介绍：周可，《新周刊》副主编，华南理工大学新闻与传播学院教师。）

王牧笛：3个月前咱们聊的是"房价怎么又涨了"，今天这个话题改成了"房价是不是要拐了"，现在整个市场普遍的一个情绪叫观望。我们来看一下背景资料：

2009年8月份以来楼市价升量跌再次上演，"金九银十"这一房地产市场的传统旺季日渐成为泡影。最新数据显示，2009年9月份第2周，北京、上海和广州成交量环比均出现再次回落，深圳新房成交量也继续低位震荡；与此同时，房价却依然是高位盘整。一线城市房地产市场的量价关系显示出前期透支的征兆。业界对房地产泡沫化的担忧与日俱增，有观点甚至认为，房价上涨迅猛、"地王"频现、投资加剧而购房者观望情绪加重等现象，就是拐点将现的标志。中国楼市似乎又走到了一个岔道口。

王牧笛：现在叫价升量跌。先说说这价升，《工人日报》有篇文章叫《部分城市的房价已经高到了不道德》，它用"不道德"这个词来评价现在楼价的上涨。而且你看次贷危机之后，全球范围内都是楼市普遍下跌，只有中国经过了短暂下跌之后，2009年年初又开始强劲反弹。

郎咸平：那么我想告诉各位，类似的现象在2006年就出现过，当时的楼市泡沫是因为我们制造业所面临的投资经营环境全面恶化，因此大量制造业资金不做实体经济，大量进入楼市，从而造成楼市泡沫现象。今天的问题比当时还要复杂，不但有投资环境恶化，还有金融海啸带来的产能过剩，再加上之前银行放出去的天量信贷所造成的流动性过剩，2009年是以上三个因素造成了我们刚刚讲的房价的不正常。

王牧笛：现在媒体对于这次房价上涨和这个拐点有多种分析，包括潘石屹最近有个分析，说房价贵是由两个原因造成的：一个是市场中的钱太多了——咱们之前说的天量信贷，还有一个是市场的房子供应太少了。

郎咸平：他讲得不对，这是根据表面现象的简单推论。其实我们现在并不是房子太少了，你看很多房子买了之后没人住，尤其是高端楼盘没人住，空房多得是。

周　可：但是真正需要住房的人，他又买不起房子。

郎咸平：所以这就很糟糕。那一定是这个房子的价格机制出现了问题，就不是像潘石屹讲的这么简单了。比如长沙，在 2009 年之前它是没有这种现象的，百姓日子过得挺好的，他们当地的媒体跟我开玩笑说，长沙的塞车时间是半夜 2 点到 4 点。长沙是个娱乐城市，老百姓日子过得非常好。今年就不一样了，今年媒体采访我的时候，我看他们就非常义愤填膺，因为他们发现长沙的高端楼盘的价格开始拉动中低档楼盘的价格了，因此现在全国各地都有类似的现象。那么你想想看，高端楼盘拉动中低档楼盘，那么真正有泡沫的反而是中低档楼盘，而社会大众需要买的就是中低档楼盘。

王牧笛：所以房子是一把悬在人们头上、切割财富的刀。

郎咸平：而且这些本来应该投到实体经济的钱投到了房地产之后，这个钱就不会再回实体经济了。那就是说房地产本身没有办法全面地拉动中国工业，只能对一些特殊行业，如建材行业，有拉动作用。那我们中国下一步的经济发展怎么办？这是我最担忧的事。

周　可：这实际上还涉及另外一个问题，就是说我们要全面拉动内需，但老百姓就那么点钱，这房子买还是不买，一直处于一种观望状态，那这个钱我又不敢去日常消费，结果越攒越多，但又不足以买房子。

拉动经济不能只靠房地产

　　真正重要的就是消费。你要拉动消费必须靠实体经济赚了钱之后，企业主自己多消费，然后把利润透过加薪等方式给员工，他们变得更富有之后才会增加消费，这才是真正驱动社会经济进步的原动力。

　　王牧笛：我们一生的积蓄，甚至几代人的积蓄，都用来买房子，那就势必导致自己未来很长一段时间没有钱去买其他的消费品。而今天在探讨房价问题的时候，媒体最常用的一个语言叫"拐点"，就是说价升但是量跌。现在你看咱们每天都能接到那个售楼短信，之前可能很长一段时间这种短信少了，最近又死灰复燃了。

　　郎咸平：我每天至少接到五六个。

　　周　可：现在买方市场和卖方市场之间的关系发生了很大的变化，现在有人求你买房子了。

　　王牧笛：探讨这个交易量的问题，其实咱们不用看数据，就看几个事就行，一个是房地产中介现在又开始在街上举牌揽客了。

　　郎咸平：这个时候就发现是供过于求了。

王牧笛：然后你看房产局的那个办证大厅，以前是熙熙攘攘，现在门可罗雀。而且你再看售楼小姐，以前是趾高气扬傲慢得不得了，现在和蔼可亲得如邻家小妹。通过这几个事，你根本不用再去看数据。

郎咸平：对，而且中国的数据很多都是不可靠的，看售楼小姐可能还好一点。

王牧笛：看她的脸色你能发现现在房价一直居高不下，可是成交量又在下滑。

周　可：那是否这个房价就会下来呢？

王牧笛：拐点这概念就出来了。

郎咸平：我们看一下这三个月来的房租走势：第一，写字楼，《南方都市报》的数据显示其租金大幅下挫；第二，高档楼盘、中档楼盘租金大幅下跌；最后，只有低档楼盘的房租是上涨的。什么叫低档呢？就是在北京、上海、深圳、广州每月租金1 000块钱左右的楼盘，它上涨了15%左右，其他楼盘都是下跌的，也就是说社会的主要购买力是下滑的。那么在社会主要购买力下滑的情况之下，楼价开始涨那是非常危险的，也就是说你根本没有一个实质面来支撑这个楼价。再加上低档楼盘房租的上涨，我已经能闻到另外一个信息了，那就是整个社会的财富在转移——由贫穷的、弱势的阶层转移到富有阶层。

王牧笛：就是我们通常所说的马太效应——富有的越富有，贫穷的越贫穷。

郎咸平：这个是我今天所看到的现象，这让我非常担忧。如果说要靠房地产来拉动经济的话，那就是全世界最大的笑话了。纵观全世界几千年的历史，没有一个国家的经济是靠房地产来拉动的，为什么？房地产是个滞后的行业。通常一个城市要发展，一个国家要发展，一定有它的竞争优势，比如说地理的优势、贸易的优势、政治的优势、军事的优势，然后大家在这个地方聚集之后，变得更富有了，需要住房，需要住更好的房子，因此房地产发展。因此，房地产一定是在城市发展之后发展起来的，它是滞后的。结果我们把房地产放到前面去了，这是在胡来，你知道吧。

周　可：但现在有专家就是持这个观点啊。

王牧笛：现在在媒体上甚嚣尘上的，比如说那个董攀——北师大房产中心的主任，他就有一个著名的观点叫"房地产正在拯救中国"。我给你们读一下这个论调是怎么样的，他说房地产是我们扩大内需的重点，没有房地产其他行业根本没法发展。当年亚洲金融危机的时候，就是房地产来拯救中国经济的，现在也一样。

郎咸平：这是哪来的数据啊，这个数据我没看懂。真正靠房地产的地方就是中国香港，它就是一个炒楼炒股的地方，没有任何其他的工业。那我请问你，这个以房地产为主的中国香港，碰到金融海啸之后是怎么样的惨状——那就是房价暴跌60%。哪有说房地产可以抵御金融海啸的，没有这个理论。

周　可：我听这个董教授的话，我感到诧异的是什么？我觉得这个东西不符合中国人的实际情况，因为刚才咱们也聊到中国人把一辈子的钱都攥在手里，就等着去买房子，这一笔钱投进去确实拉动了内需，但是买房子的这一大笔消费就意味着其他消费几乎接近于零啊。

王牧笛：而且就算你退一步说，房地产在2007年的时候对GDP贡献最大，那也不过1%。也就是说我们利用政策资源的倾斜拯救的只是不到GDP 1%的一个行业，那是救不了中国经济的。

郎咸平：真正重要的就是消费。你要拉动消费必须靠工业、服务业等赚了钱之后，企业主自己多消费，然后把利润透过加薪等方式给员工，他们变得更富有之后才会增加消费，这才是真正驱动社会经济进步的原动力，既不是靠高速公路，也不是靠房地产。一个正常发展的经济是基础工业好了之后，包括制造业、服务业好了之后，老百姓富裕了，先买中低档楼盘解决了住的问题，然后经济更成功了，大家更有钱了，再买高档楼盘。所以是经济富裕了，低档楼盘上升，中档楼盘上升，最后才该高档楼盘出来了，这才是正常的，可我们今天是这样子吗？经济还没怎么发展，高档楼盘就已经开始拉动中低档楼盘的价格了，这是非常危险的，这就是这些人所推动的结果。

周　可：现在这些富人暴发之后，不会说先买一个1居室，完了再买个3居室，然后再买别墅，现在都倒过来了。

郎咸平：而且问题是什么你知道吗？如果他是赚了钱之后再去买高档楼盘还算可以，最可怕的是他去买高档楼盘的原因是他不赚钱，是因为他过去赖以为生的制造业活不下去了，他觉得没什么意思了，所以这些人就开始买高档楼盘，或者干脆自己变成了开发商。这是最近这一两个月发生的现象，这是非常可怕的。

王牧笛：所以开玩笑地说，现在不是房地产拯救中国经济，而是房地产绑架中国经济。现在媒体很担忧这个拐点，大家对2007年的那次拐点记忆犹新。

郎咸平：这和2006年、2007年不太一样，当时是投资环境恶化，企业家不想干了，跑去炒楼。这一次还有产能过剩的危机，还有银行信贷过多的问题，这些非常复杂的因素造成了今天的乱象。

王牧笛：你看现在各项经济数据看起来很美，所以有人说经济要企稳回升了，那房地产对于宏观调控这个政策保驾护航的功能，大家看得越来越淡。所以很多人说政策一旦微调之后，房地产市场往上走的趋势会出现一个拐点，房价也会出现一个拐点，这就是媒体所谓的拐点论的由来。

房子绑架亲情

面对高房价我们还得继续持币观望，而且搞不好要观望一辈子。

周　可：我觉得媒体之所以谈拐点这个问题，其实跟老百姓是有关联的，老百姓这个时候关心的是到底该不该去买房子。 我现在觉得所有的问题都集中在这一点上了——买还是不买。

郎咸平：该不该买房子那还是混得好的人的问题，大部分人是根本买不起的，讨论都不用讨论。

周　可：我现在买不起吧，但我至少会关心若干年之后我会不会买得起。 比如说，我现在刚大学毕业，找的工作挣钱不多，那我现在得考虑5年之后结婚成家的事。 按现在的这个行情来讲，房子基本没戏，这直接决定着我能否娶到媳妇的问题。

郎咸平：你讲的这个问题和我们现在的经济情况是完全脱节的，为什么？大学毕业生很努力地工作，攒了钱之后准备结婚生子，所以需要买房。可你发现房价并不是按照正常规律走的，房价是那些制造业的企业家不想做了之后，然后跑去炒高端楼盘，因此把老百姓可以买的中低端楼盘的价格拉上去了。因此，他努力一辈子，到时候还是买不起房。

王牧笛：所以，大部分"80后"的大学毕业生，他们不是靠自己的薪水——工资永远赶不上房价嘛，他们啃老。你看我这有个数据，上海市公积金管理中心发布的一个调查结果——62.27%的年轻人购房首付需要父母资助。

周　可：现在这个情况还好一点，从20世纪80年代开始，一般家庭都是独生子女，也就是说现在是"421家庭"，如果想啃老还能啃得了。

王牧笛：现在叫"4＋2购房模式"，两对父母加上两个孩子。

周　可：所以为什么会有一开始说的"不道德"的问题，因为表面上是房价本身不道德的问题，而实际上这个房子价格高了之后会出现我们刚说的一系列的问题，它会引发整个的社会关系、价值观的变化，所以你看两代人的关系就变成这样了。

郎咸平：现在反而更好了——关系更融洽了，子女更孝顺父母了。难怪我儿子最近对我这么孝顺，原来他买房子都是我出的钱。

周　可：你这是用房子绑架亲情。

郎咸平：这不是我愿意的，我也是被绑架的。

周　可：整个社会处于一种互相绑架的状态。

王牧笛：而你看那些绑架不了父母的子女怎么办的：现在有一个网友叫"可乐事多"，他无钱购房，在网上号召 1 500 个网友，每人出一百块钱，凑一笔钱付个首付，然后出钱的 1 500 人摇号抽奖，抽中的那个人可以拿到这笔钱。这就是很著名的"住房彩票事件"。

郎咸平：确实有创造力。

周　可：这么多人买不起房子，他持币观望但是这对房价本身没有影响，按理说，没人买房，房价应该跌下来才对嘛。

郎咸平：所以现在房价就不是供需所决定的，制造业资金炒房，避险资金炒房，高档楼盘价格上去后中低档楼盘的价格水涨船高，这些根本就不是供需。因此，拐点本身就不是供需问题所造成的拐点。

周　可：我们讲拐点，你要真的是一个正常的供需关系下出现的拐点，从高拐低了，我赶紧入市；如果从低拐高，我再观望一下无所谓。

郎咸平：美国就是真正的拐点，利率一上升房价就下跌，利率下跌房价就上升。因此，美国的房屋，你可以把它理解成一种商品，一种受供需影响的商品，它受金融变数，包括利率的影响；但中国的就不是，中国的是非常复杂的，根本就不是供需所决定的。

周　可：那么就说在短期内，我觉得还得要继续持币观望。

郎咸平：而且搞不好要观望一辈子。

周　可：所以说，我就会想起之前有很多人的一些观点：既然一辈子买不起房——像刚刚郎教授那么悲观的看法，那我干脆就不买房，租房算了。

王牧笛：甚至现在上海很多人买了房都把房卖了，因为买房只能买一些郊区的房，远离城中心，还不如租房子。

周　可：有一句老话就说，当你改变不了这个世界的时候，你只能改变自己的观念。虽然传统中国人所谓安居乐业的观念是得有套房才算安居，但在目前房地产市场如此可怕的情况下，这个安居就得换成另外一种——我租房也能够租得很安居，只能这样想问题了。

郎咸平：而且你要注意一个现象——我认为非常可怕的，在2009年7月份之前炒地皮的都是国有企业，可是到了八九月份之后情况不一样了，在竞标土地的时候常常有一些名不见经传的小地产商，很多过去是做制造业的，包括服装——我就不讲它的名字了——突然出了最高价拿地。这个非常危险，目前的信息所显示的是，八九月份拉高地价的原因是地产商大量增加，因为我们有太多民营小地产商在抢购土地，这个跟2007年有点儿像。

王牧笛：现在很多人说"地王"也是提升房价的一个很重要因素——面粉都这么贵了，你说馒头和面包能不贵吗？ 现在很多地价已经超过了周围的房价。

郎咸平：这个已经不是新闻了，现在地价如果不超过房价那才叫新闻。那个广渠路十五号地，最后是由中化集团的方兴投资拿到的，楼面价是一平米一万六，附近的房价才一万四，最多的才到两万。其他地方也都类似——地价基本上都超过房价。

王牧笛：时寒冰有一个判断说："'地王'是一个可怕的魔咒。"新华社最近有一个社论，我觉得写得很好，它说现在这些老"地王"的今天就是新"地王"的明天。2007年当时也有十大"地王"，现在回过头来看一看：有一个被退了，4个闲置呢，2个开发完了，3个刚开始开发。 2007年的十大"地王"晚景凄凉，现在的"地王"又被媒体炒作得这么热闹。

郎咸平：而且这次有很多制造业转行来搞房地产，等他们拿到地开发完再卖要很久。他们胆子真大！我只是想说，他们真的是不了解这个行业。

王牧笛：所以你看最近国土资源部开始进行土地探底，调查两个事情：一个是囤地的事情，现在中国土地不是卖得多而是囤得多；另外一个就是调查资金的问题。

郎咸平：我们没有看到房地产市场的本质问题。要如何整治房地产，这不是一个"二套房政策"，或是调查资金、调查囤地的问题就能解决的。而我认为更基本的问题是要让资金回流到它应该去的地方，政府应该更努力地让这些资金重新回到社会的实体经济，这样自然就解决了很多房地产的问题。我们政府在2009年八九月份又提出，希望民营企业的投资成为拉动中国经济的第四驾马车。你要让民营企业愿意投资实体经济而不去炒楼房、炒地皮，你就必须把它的投资环境给改善了，把它产能过剩的问题给解决了，你才有可能透过民营企业在实体经济上的投资拉动中国经济。所以，今天民营企业的资源大量流入房地产本身，就已经给我们提出了一个警告，那就是说这个资金已经从实体经济慢慢流到不该流的地方，它怎么成为第四驾马车呢？

周　可：房子的问题其实应该是从房子之外去解决。

郎咸平：对，这就是功夫在诗外的道理。你要解决房子的问题要先从制造业入手，要想让民营经济的投资来取代政府投资，要找到治本的办法，而不是从表面现象出发，搞一些像什么"二套房政策"之类的，那都是治标不治本的政策。现在需要的是解决制造业的两个困境——投资环境恶化，产能过剩——的政策。

王牧笛：而关于拐点的问题网友有好多困惑，说什么现在小拐点不断大拐点没有。比如说，前一段时间房价稍微有所下挫，有人刚准备买房了，还没找到房，房价又涨上去了。

周　可：小跌是为了大涨，欲擒故纵。

王牧笛：而且是不买就没，错过就涨。

郎咸平：因此，要解决我们住房的问题，政府就要把心思花在解决那两大困境上，这样不但能够解决住房的问题，同时也能解决第四驾马车的问题，使得民营经济更愿意将钱投向实体经济而不是投向房地产。

第五章
信用卡危机是否会降临中国

次贷危机阴霾未散
信用卡危机的乌云又笼罩美国
权威评级机构穆迪公司发布报告称
由于失业率继续攀升
美国信用卡违约率不断突破历史新高
在 2010 年中期
将达到 12%～13%的峰值水平
不少分析师认为
2009 年
将是消费信用史上最糟糕的年份之一
而中国国内
信用卡也高调进入跑马圈地的时代
截至 2009 年一季度我国信用卡发卡量
已超过 1.5 亿张
逾期 6 个月未偿信贷总额 49.70 亿元
同比增加 133.1%
面对着大洋彼岸日益膨胀的
信用卡坏账黑洞
中国能否独善其身

危机四伏

从次贷危机、信用卡危机一直走下去，你会发现它（危机）根本没有停过。

（嘉宾介绍：司马南，媒体评论人，独立学者。）

王牧笛：我发现最近司马老师反伪科学的文章写得少了，博客里多了好多写信用卡的文章。

郎咸平：对，我也拜读过。

王牧笛：而且博文还很有学术论文的范儿——有主标题，有副标题。 有一篇主标题叫《建设银行启用塔利班的鸡毛信》，副标题叫《兼论中国的信用卡问题源自银行的短视和贪婪》。 从司马老师这篇文章就可以看出，现在中国的信用卡积累了很多问题。 而大洋彼岸美国的信用卡积累的问题成了危机，现在很多人说信用卡危机是继次贷危机之后，美国又一个金融黑洞。 咱们先看一个背景资料：

次贷危机阴霾未散，信用卡危机的乌云又笼罩美国。权威评级机构穆迪公司发布报告称，由于失业率继续攀升，美国信用卡违约率不断突破历史新高，在2010年中期将达到12%～13%的峰值水平。不少分析师认为，2009年将是消费信用史上最糟糕的年份之一。而中国国内信用卡也高调进入跑马圈地的时代，截至2009年一季度我国信用卡发卡量已超过1.5亿张，逾期6个月未偿信贷总额49.70亿元，同比增加133.1%。面对着大洋彼岸日益膨胀的信用卡坏账黑洞，中国能否独善其身？

　　王牧笛：前不久美国最大的信用卡公司——美国运通——发了一个告示，这个告示有悖常理，它说如果持卡人能够把某一个时间段的欠账还清，它就给他300美元的储值卡，但是前提是他必须把那张信用卡注销了。这等于是什么呢？信用卡公司利诱持卡人注销账户。由此可以看出现在美国所面临的信用卡危机。

　　司马南：它扛不住了。

　　王牧笛：是很严重。

　　司马南：原因很简单，因为多一个卡就等于说多一份风险。过去经济好的时候，我用信用卡消费是拉动经济；但是现在呢，因为很多人失业，朝不保夕，所以就恶性透支，反正大家都还不上，法不责众嘛。这对于银行来说、对于政府来说，都是坏事，所以"您注销了我踏实"。因此，它愿意拿钱来让你注销。

079

郎咸平：其实这个风险已经不单是信用卡的问题了，而是一系列的。下面是什么问题呢？房贷还要出问题。比如说，德意志银行发表过一个报告，就是在 2011 年美国优质房贷资不抵债比例将高达 48%，注意是优质的房贷哦，不是次级债——这都是危机。从次贷危机、信用卡危机一直走下去，你会发现它根本没有停过。

无就业复苏

　　说到经济复苏，大家现在都这么讲，但有谁真的复苏了？民众手里还是没有钱，你钱多了吗？你生活过得好了吗？你失业率减少了吗？都没有啊。

　　王牧笛：现在好多媒体评论员比较乐观，说信用卡危机意味着金融危机走到了最后的一个环节、最后的阶段。在教授看来呢？

　　郎咸平：信用卡危机跟失业率有关，所以，你还不能乐观。2009 年 5 月 8 日，美国《华盛顿邮报》公布了一个数据：美国的失业人口加上半就业人口应该是 1 400 万，也就是 15.8% 的失业率。到现在，这个数字应该是接近 20%，而且这个现象还会持续恶化。

　　王牧笛：而且现在美国相关机构在评定的时候说，美国信用卡的损失率会超过失业率。

　　郎咸平：有一个比较可怕的情况，就是说现在美国经济有复苏的迹象，奥巴马也很高兴。但是，即便是美国经济复苏了，它的失业率也不会开始下降，失业率照样在往上涨。

王牧笛：所以叫无就业复苏。

郎咸平：说到经济复苏，大家现在都这么讲，但有谁真的复苏了？民众手里还是没有钱，你钱多了吗？你生活过得好了吗？你失业率减少了吗？都没有啊！

王牧笛：美国大公司倒闭的速度下降了。

郎咸平：虽然一些数字证明它复苏了，但其实它没有复苏，不然信用卡危机就不该发生了。为什么现在大家那么紧张呢？因为你实体经济那一面还没真正复苏，虽然表面数字还可以，实际上还是很危险的。再看中国，现在我们的房租不断下跌，尤其是高端楼盘和写字楼的房租。这代表什么？这代表我们中国的社会购买力还是在下跌，这就很危险了。

司马南：有的人买房子就是为了挣租金，但是现在房价蹭蹭往上涨，租金却直往下落。

王牧笛：所以现在很多人不买房改租房嘛，甚至买了房又把房子卖出去改租房。

郎咸平：租金才能代表社会的购买力而不是房价。如果我们中国的社会购买力再下跌的话，风险就大了，那表示信用卡危机就在前面了。

王牧笛：那这一波信用卡危机会不会回传到实体经济，会不会造成对实体经济进一步的打击？

郎咸平：因为信用卡本身不是一个简单的银行发卡的问题，而是发卡之后，大家用信用卡借钱消费，银行再把这些债权打包卖出去。比如说，1 000 个人欠的信用卡的账大概是 100 万元吧，然后银行就把 100 万元切成每张 1 000 元的债券卖到资本市场上去，卖给投资人，然后再把收回来的钱继续放贷。

司马南：郎教授说的是美国的金融衍生品。

王牧笛：他们设计的这个金融系统，切割财富切割得真是厉害。

郎咸平：这就像以前次级债一样，次级债发行的并不多，一两万亿美金而已，问题是它打包变成衍生性金融工具，切成债券之后……

王牧笛：可能呈几何级数地往上增加。

郎咸平：这很可怕，因为可以用信用卡的这些债券和别的再捆绑在一起，越弄越大，渗透到整个美国的金融市场，这就很危险了。

王牧笛：而且它本身基数也很大，中国现在 13 亿人只有 1.5 亿张信用卡，美国 3 亿人就有 1.7 亿张信用卡。

司马南：所以比较起来说，中国的信用卡危机就算有，也跟美国不在一个量级上。

郎咸平：而且中国也没有利用信用卡的债权发债券，因此就不会像美国那样大爆发，最多就是银行坏账，撇掉就是了，我们以前也没少撇。我们四大资产管理公司不就是让国有企业撇账用的吗？不过话要说回来，这些都是华尔街的阴谋。像高盛、摩根·士丹利的那些投行，因为中国的各大银行不是要到美国上市吗？它说你这个银行坏账太多，那怎么办呢？你把坏账全部剥离，丢掉不要，由政府去买单，然后用干净的壳上市，它们再贱价买断你干净的壳。

司马南：而且要它来指导你上市。

郎咸平：然后你只能1块钱卖给它，然后一上市它可以100块卖出去，它不承担任何风险，因为你的坏账它都不要，都让我们政府去买单，这是它干的事。我们书里一贯强调华尔街的阴谋、美国政府的阴谋，这就是阴谋之一。

王牧笛：很多媒体的评论说，中国信用卡危机没有美国那么严重不是因为产业健康，而恰恰是因为产业刚起步，比较幼稚。我们现在更多还依托于借记卡，信用卡现在人均持有数量还很少。

郎咸平：我还算有钱人是吧，但我从来不用信用卡，我用现金或者用借记卡。用信用卡借了钱之后，每个月还要按时还，你不觉得很烦吗？

王牧笛：不是，教授您这就不符合潮流了。现在都说，中国人钱包不是越来越鼓而是越来越硬，这个包里的卡越来越多，所以钱包越来越硬。

司马南：我的博客里写了一个关于用信用卡的亲身经历。我原来也不用信用卡的，但是后来有个银行给我推荐了信用卡，他们说信用卡方便，这一鼓励我就稀里糊涂办了一个。办了之后发现麻烦来了。有一次我正在山西爬山，银行的客服给我来了个电话，说我的信用卡该还款了，如果不能及时还，我的信用等级将下降，所以建议我马上到银行去交钱。 我说我那张借记卡上有钱啊，你们扣款就完了嘛。 她说他们一个月只扣一次，这次扣款的时候我那张卡上正好没钱。 我说我补了钱了。 她说那也不行，按我们签的协议，一个月就扣一次。

郎咸平：你之前又签了协议。

司马南：看来不能随便签协议，因为他们的条款一大堆，到时候遇到问题他们就常有理。

郎咸平：看来我比你明智。

司马南：你就不用信用卡。

郎咸平：有银行给我办了个黑金卡，说这种卡他们只给了3个人，一个是杨澜，一个是什么企业家，一个是我。

王牧笛：您都没开通，是不是？

郎咸平：是，一直放着没用。

王牧笛：所以您那张卡叫睡眠卡。

郎咸平：我从来不去激活它，我嫌烦。你看用这个借记卡多好，有多少钱用多少钱。而且我现在不晓得是不是年纪大了，特别喜欢现金，我常常带一叠现金去吃饭。

王牧笛：有质感。

郎咸平：他们说，怎么搞的，郎教授你越混越回去了。

司马南：我一个朋友是画画的，他的画很值钱。 现在他跟他老婆在日本卖画，原来在国内都是数现金，后来他钱多了就拿尺子量。 他们到日本挣到钱后，觉得放银行不踏实，就把所有的钱都取出来再拿尺子量。 这跟你有异曲同工之妙。

郎咸平：其实我们这种行为就避免了信用卡危机。

王牧笛：现金为王，是吧。

郎咸平：对。

司马南：你很难想象，财经教授郎咸平走遍天下居然不用信用卡。

王牧笛：但问题在于中国的银行某种程度上，是喜欢司马老师这样的，就是某一个时段忘记还钱。 为什么？因为中国的信用卡跟美国的信用卡不一样，美国的信用卡是以商户的佣金作为主要的利润来源，而中国的信用卡相对来讲薄利多销，现在某些银行的口号叫什么——"像卖白菜一样卖信用卡"。

司马南：跑马圈地嘛。

王牧笛：它靠什么呢？ 它靠的不是佣金，而是靠高额的利息，你如果忘记还钱了，那个利息是很高的。

司马南：所以，银行它赚钱是有绝招的，这是一般老百姓不知道的。 开始稀里糊涂签协议的时候，你不知道欠债的时候利息会有多高。

郎咸平：我从来不签，我也从来不用。

量入为出是美德

我们这种勤俭持家、量入为出的美德到下一代就没有了，就是被美国这种超前消费文化、泡沫消费文化席卷了。

司马南：说到信用卡的问题，中国的信用卡危机即使比美国轻得多，但是我们也有我们的问题。 比方说，我们为了能够刺激信用卡的消费，我们的授权额度往往比较高。 还有我们的监管功能弱化，这也导致了我们发卡发得太滥，所以现在关于信用卡的案子在增加。 银行为了完成定额，大量雇人到街上发卡，您拿身份证来就行，没身份证的复印件也行，有的信用卡公司一次给你两张卡。

郎咸平：买一送一。

王牧笛：所以司马老师说，现在是"大学迎新，新生迎卡"，一进大学首先有一张卡。 以前信用卡是财富、身份的象征，就跟十几年前拿大哥大一样。 现在不行了，现在信用卡跟什么水果蔬菜、教授的盗版书一起兜售。 虽说我们没有美国那种复杂的金融衍生工具造成的金融黑洞，但其实问题也很多。 你看 2002 ~ 2003 年，各大银行，包括四大国有银行都开始搞信用卡中心，发卡无数，现在中国城里人差不多人手一张卡了，也有很多的呆账坏账的问题。 还有这里面有一个消费文化和信用文化的问题。 因为美国的泡沫消费，他们是一种超前消费的思想；而中国相对来讲还是秉承老祖宗那种量入为出、细水长流的思想。

郎咸平： 就像我一样——量入为出，不用信用卡。

王牧笛： 但是你看现在媒体的评论，像《纽约时报》发表的言论，包括上次夏季达沃斯论坛上有很多人就说，现在在消费领域里，中国人跟美国人开始有交叉了。 之前咱们聊过美国储蓄率从 0 上升到 7%，美国人现在开始不太敢花钱了，因为他收入下降了；而中国人在这个信用卡的刺激之下，开始慢慢地敢花钱了。

司马南： 现在中国年轻人的消费观念在向美国人靠拢，像我们这个年纪的人还是比较谨慎的，还是要存钱的。

郎咸平： 因为受过挫折的人都会比较谨慎。 我很害怕哪一天万一出了什么事，还不上钱怎么办，我一直有这种危机意识。

司马南： 但是今天的很多年轻人手上都有若干张卡，有的都有 5 张、8 张，甚至 10 张卡。 拆东墙，补西墙。

王牧笛： 这叫以卡养卡。

司马南： 卡族。

王牧笛： 你看中国过去的 5 年是信用卡发卡的高峰

期，现在很多人说未来的 5 年将是信用卡的结账期，尤其金融危机来了之后，将迎来一个信用卡的危机。

郎咸平：我很担心我们重蹈韩国的覆辙。韩国前几年也是消费不足，然后政府就鼓励韩国人消费，怎么消费呢？刷卡。

王牧笛：就是在亚洲金融危机之后嘛。

郎咸平：对，当时鼓励他们消费，后来造成了重大的危机。

王牧笛：当时韩国政府是强制用卡，如果你这个商户不用信用卡的话，它就制裁你。到 2003 年，韩国的信用卡危机爆发，当时有 360 万的不良信用卡用户。

司马南：政府过度介入任何事都会比较麻烦。

郎咸平：它们才真的不是市场经济国家，还来讲我们中国。

王牧笛：同样是东方国家，同样是注重储蓄而不注重超前消费、讲究存钱养老的国家，它面对新的金融工具，也迅速被瓦解。

司马南：我们的传统文化传给下一代的时候，已经被美国的那种消费文化所影响，我们的文化要弱于人家西方的强势文化。

郎咸平：因为我们的文化目前就是弱势文化。

司马南：所以我们一下子被人家打败了，韩国就是一个例子。

郎咸平：我们这种勤俭持家、量入为出的美德到下一代就没有了，就被美国这种超前消费文化、泡沫消费文化席卷了，没办法。你只要把好最后一关——不要把信用卡负债转变成衍生性金融产品，只要把这一关守住，最差最差就是坏账。

司马南：也就是说，如果你不那么干的话，最大的问题也就是加减的问题，而不是乘除的问题，不是指数运算的问题。

王牧笛：很多人说，这里包含着中西方一个完全不同的价值判断和家庭伦理。美国人吃饭前会说"感谢主赐我衣，赐我食"，在西方人看来，这个主会平等地赐给他们财富，所以他们不需要为他们的后代考虑，因为有一个主是我们财富的给予者；而中国不一样。

司马南：在吃饭的时候，我们当思一茶一饭来之不易，我们会念叨粒粒皆辛苦。用经济学的说法就是，我们中国人想到的是实体经济，而不是说那钱是变来的。我们想到实体经济当然就谨慎。信用卡文化是什么文化？"喜唰唰、喜唰唰、喜唰唰"，刷的时候很有快感，和郎教授掏票子的感受是不一样的。所以，信用卡文化年轻人接受起来很容易。但是这东西确实有一定的风险，如果监管不力，发卡太多就麻烦大了。

郎咸平：其实美国、韩国都是一样的，发卡太多，监管不力，都是这样子的。我们把别人的坏习惯都学来了，但是有一点很好，咱们还没那个水平去发衍生性金融产品，因此不会有那种危机。

司马南：您说的我太赞成了，我们还不会玩，美国信用卡已经危机了。

郎咸平：所以我们不会有太大的危机。很多人说，郎教授你这人讲话总是过于悲观，我没有悲观，我讲的是事实。中国的危机不是这个问题，不是信用卡危机，也不是金融危机，我们是制造业危机，这点才是我们要注意的。制造业危机将来更深化的话，它带来的金融危机也许是我们会碰到的。

我们会重蹈韩国的覆辙吗

如果我们真的接过美国的信用卡，开始用信用卡消费的话，我们的下场会比韩国人惨得多。

王牧笛：现在有一个很热的话题，就是托马斯·弗里德曼在《纽约时报》写的一篇文章，这篇文章里就说美国人现在不是把信用卡都抛弃了吗？他们消费不起了，中国人应该接过美国人这些抛弃的信用卡。

郎咸平：这就是叫我们重蹈韩国的覆辙。但是有一点不一样，我们中国大部分人都很贫穷，如果我们真的接过美国的信用卡，开始用信用卡消费的话，我们的下场会比韩国人惨得多。因此，政府如果想透过信用卡来拉抬消费的话，我觉得大可不必。我们太贫穷，有些人是根本还不起钱的，任凭他多努力地工作结局还是还不起钱。

司马南：就是还不起，绝对贫困嘛。

郎咸平：现在我看我们也不可能走上这条路了，因为这个事我们上上下下都有警惕了。首先银行现在已经开始警觉了，银行它是要赚钱的，如果赚不了，那它就不这么干了。还有银监会有警惕了，银监会早就明令指出这些事要监管，不能出现那样的问题。所以，我们这个体制还是有自身的好处。

王牧笛：刚才咱们一直在说韩国在1997年亚洲金融危机之后，又产生了信用卡危机，后来它自己也反省了，在它的艺术作品中也能看出来。有个韩剧叫《钱的战争》，男主角的父亲因为欠了高利贷，最后用信用卡割腕，割腕之后用血写了四个字——不要透支。

司马南：东方人观念里面早就有不要透支的思想。我在20年前的时候，跟人家借过1 000块钱，之后就日日如芒在背，后来还了，心里真舒坦。所以，千万不要欠人家钱。

郎咸平：你不错嘛，这么有信托责任。

司马南：基本的信用我还是有的。

王牧笛：中国发卡还有一个问题在哪呢？中国人认定的是高收入意味着有高信用，它审查的不是你的信用。美国再有信用卡危机，起码美国整个的个人信用档案是完整的，它可以根据你从小到大交房租、交学费的情况来判断你的信用。中国不是，中国先看你收入，收入高给你额度高一点，给你个金卡，甚至黑金卡。

郎咸平：这个还好，我告诉你，我上次去银行想贷款100万，他们考虑半天说，郎教授虽然还算有钱，也很有名，可是不行，为什么？因为他们信用贷款是有等级的，100万以上要副部级以上的。

司马南：真的啊？

郎咸平：按照政府单位的级别来算，郎教授的水平大概是副科。反正到最后没借给我。

司马南：如果是真事，那我觉得太逗了，就算是正部级，假如不是贪官的话，100万他也还不上。

王牧笛：所以你会发现，中国的社会对信用的理解跟美国是不一样的。

郎咸平：所以，我们中国是个很可爱的国家，美国发生的事情我们都不会发生，我们发生的事情美国也不会发生。

司马南：这就是互补，很强的互补。

王牧笛：但是你看，欧洲现在正在迅猛地追赶美国信用卡危机的步伐，尤其是英国，因为它跟美国的特殊关联，英国现在是整个欧洲信用卡危机最严重的国家。

郎咸平：对，没错，然后它们的信用卡危机回过头来，绕过中国的金融体系再一次冲击我们的出口制造业，到最后还是打击我们最痛的地方。

王牧笛：现在这个信用卡问题还养活了好多其他的行业，比如说追债公司。现在银行不出面了，而是找那种专业的追债公司。

郎咸平：我不晓得在我们内地是怎么追债，在美国他们穿着破破烂烂的衣服，臭烘烘的，天天在你家门口等着你，把你弄烦了，你就会想办法还钱了。

　　司马南：在中国他们是很横的，到你家来的，或者到你单位来的，都是大块头，留着寸头，胳膊上说不定还有一块刺青，戴着大粗金链子。

　　司马南：中国的信用卡还养活了另外一批人，这批人专门负责发卡。 比方说北漂一族，他们每天要发到多少张卡，然后就会有一定的提成。 所以现在发卡如果不多的话，这批人就要失业了。

　　郎咸平：没事的，他们转换得很快的。

　　司马南：不卖卡就去卖郎教授的书（盗版）。

第六章

九问创业板

在经历了十多年的磨炼和等待后

创业板终于在

2009 年 10 月 23 日正式开板

和许多新生事物一样

诞生之初的创业板接受着关注与祝福

也遭遇着争议甚至责难

人们普遍关注

上市企业业绩能否支撑高发行市盈率

监管层能否创造一个健康的投资市场

此起彼伏的暴富神话

是否会使创业板渐离产业扶持的初衷

全球大约有 35 个国家和地区

设立了创业板市场

但真正脱颖而出的恐怕只有纳斯达克一家

中国创业板会是第二家吗

在国际经济普遍不景气的情况下

创业板又能否成为

中国经济发展新的引擎

十年磨一剑

　　这就是创业板的问题：来得快，走得快。

　　（嘉宾介绍：石述思，资深媒体人。）

　　王牧笛：有个谜语现在在网上流传，咱们也来猜一下：犹抱琵琶半遮面，千呼万唤始出来——打一财经名词。

　　石述思：这财经琵琶女是谁啊？　肯定是创业板啊。

　　王牧笛：十年磨一剑，总算是大幕拉开。　来看一个背景资料：

　　在经历了十多年的磨炼和等待后，创业板终于在2009年10月23日正式开板。和许多新生事物一样，诞生之初的创业板接受着关注与祝福，也遭遇着争议甚至责难。人们普遍关注，上市企业业绩能否支撑高发行市盈率，监管层能否创造一个健康的投资市场，此起彼伏的暴富神话是否会使创业板渐离产业扶持的初衷。全球大约有 35 个国家和地区设立了创业板市场，但真正脱颖而出的恐怕只有纳斯达克一家，中国创业板会是第二家吗？在国际经济普遍不景气的情况下，创业板又能否成为中国经济发展新的引擎？

王牧笛：我们归纳出网友的九个关于创业板的问题，所以咱们今天叫九问创业板。 首先第一个问题是，这个创业板能否成为中国股民的致富天堂。

石述思：我首先声明一点，我的专业不是研究股市的。 为什么栏目组把我请来？ 我估计是，鉴于中国股市常年让人看不懂，就请了一个不懂的人来当嘉宾，意图取得意外的效果。 当然，我主要还是来跟郎教授学习的。你刚才这个问题不能一概而论，比如说你要是像余秋雨先生那样认识发行股票的人，或者你买到了新股，那我保证你会是一夜暴富的人，但是剩下的股民就不好说了。 我还是以最善良的愿望，期待着中国的创业板能够沿着价值投资的理念、沿着健康的轨道前进。

王牧笛：创业板开户的人数是迅猛增长，现在超过900 万户了。 他们能在创业板中赚到钱吗？

郎咸平：我希望他们能够赚到钱，不过请你想一想，如果你在主板都赚不到钱的人，到了创业板，我可以告诉你风险会更大。而且背景资料里也说过了，全世界三四十个创业板几乎就没什么成功的，你真想挣钱吗？主板机会好一点。

石述思：现在有这样一个流行的说法：创业板里股民在抢钱，企业在圈钱。 当然我希望这个说法不是真的。

王牧笛：我们希望的是企业不一定圈到钱，但股民能抢到钱。

石述思：还有一种流行的说法：主板是冒险，创业板是疯狂。 小小的一只股票它的融资额度居然超过主板的一些股票。 我觉得有两个原因：第一，中小企业面临的常年融资难的问题，这次一下释放了；第二，中小股民在A股市场长时间的煎熬、拉锯，需要找一个新的平台。 我觉得可能是这两个原因推动的结果。

王牧笛：你看石老师哪里是不懂啊，那是谦虚。 我们为什么不敢请那些股市的专家，那些专家天天预测，天天错，还敢天天接着预测。

石述思：你知道现在流行的说法是什么吗？ 在股评界，过去叫无知者无畏，现在叫无耻者无畏。

王牧笛：那第二个话题，就是所谓的"打新"。 在A股市场一直有"新股不败"的神话，那么这次创业板"打新"是不是稳赚不赔的事情？

石述思：只要你被上帝青睐了，能成为那0.8%中签的人，一定能发财。 但是我提醒一句，就是说你要"打新"的话，要稳、准、狠，然后短、平、快，不能打持久战。

王牧笛：这叫"打新方法论"啊。在创业板前途未明的情况下，很多散户或者小投资者都认为"打新"是相对稳妥的投资方式。教授有什么看法呢？

郎咸平：创业板本身就风险大，所以你看我们说市盈率这么高——超过50倍，它有什么理论背景呢？它的理论背景就是它风险特高。如果真的发生风险，那就会狂跌，那就是为什么全世界创业板大部分会失败的原因。一开始的时候大家都说如果它做好的话，会像微软一样，因为大家有这种预期在，所以才能撑得起高市盈率。可是我告诉各位，这种高市盈率会因为它的业绩突然下滑而立刻爆破，到这个时候，"打新"不"打新"我看都没什么差别了。这一点各位要注意，这跟主板是不一样的。

石述思：郎教授就是提醒大家别被套住了，所以说一定要快速操作。

郎咸平：对，快速这是一定的。

石述思：但是我还得提醒各位一点，风险很大。举个例子吧，华谊大家都知道，融资6.2亿，它冻结"打新"的资金是1 000多亿，这是非常可怕的现象。所以说，我觉得它从一开始就注定进入了一个非理性的轨道。也许我们发展到一定阶段，大家都认识到有风险了，可能会回归到价值投资，但是刚开始这个阶段，你这1 000多亿的持有人，一定得注意。

郎咸平：因为通常持有这1 000多亿买不到新股的

人，他会进入二级市场，所以股价会在二级市场持续拔高，因此你"打新"才有利可图。按照其他国家创业板的经验，如果再过一阵子，你发现它业绩格外让人失望，问题层出不穷之后，这种"打新"现象就会大幅度地消失，这就是创业板的问题：来得快，走得快。

石述思：我有一个担心，我觉得这担心有可能成为多数股民的现实，就是巴菲特先生的那句忠告：当潮退的时候，裸泳的一定是你。

创业板只是少数人的创富天堂

对于 970 万中小企业来说，想通过创业板解决融资难的问题很难。

王牧笛：是否会成为这些个体股民的致富天堂有待观察，那创业板能不能成为创业者的创富天堂？ 这也是今天的第三个问题。

郎咸平：如果说他想圈一笔钱的话，那这目的肯定可以达得到了。如果你想透过创业板让企业稳健地发展的话，那我告诉你，做不到。为什么？我们有时候把问题故意简单化，我们常常说中小企业融资难是中小企业的困境。那我可以告诉你，你想得太简单了。中小企业的困境根本不止这么简单，中小企业现在最大的问题是产能过剩和投资经营环境全面恶化的问题，那才是中小企业所面临的真正的困境。因此，你千万不要妄想说，透过给中小企业融资，弄个创业板，就能让中国的经济稳健地发展，你这是痴人说梦，根本做不到。你要解决企业那两个问题之后，中国企业才会好。那如果说创业板的这些家伙上市是为了圈一笔钱，现在这么高的市盈率，还有这么高的认购比例，他自己捞一笔肯定是没问题的。

石述思：我同意郎教授的基本判断，就是创富没问题，创业有问题。它叫创业板，不叫创富板，创富板是赌场啊。我们知道 A 股市场后来有很多黑马冒出来，可能创业板也会有很多黑马。但是黑马是在什么前提下才能成为黑马呢？是在它遵守规则的前提下。可现在创业板的黑马可不得了，一般都像打了兴奋剂，这叫疯马，你可以装疯，但你不能真疯，真疯这股市就没法要了。

我给大家讲讲这创业板都是些什么企业。它要求首先在新行业、新领域，这好办，包装包装就差不多了。它还要求得有新技术，有新的商业模式。后面这两个一直是我国企业的弱项。我举个例子吧，华谊在这两方面就备受诟病。华谊里面亿万富豪也不少，冯小刚都是，但华谊其实它的核心资源就是王中军、王中磊兄弟俩，剩下那些演员跟谁签都是签，有出高价的就被挖走了。实际上它没有核心商业模式，这个公司就处于高危状态。虽然你可以包装成金融危机背景下慰藉人心灵的产业，像美国的好莱坞一样会得到快速的发展，而且可以举出 1929～1933 年好莱坞大发展的例子；但是你考察它企业本体的时候，你会觉得它非常的危险。当然，我希望这帮人事后能自我救赎，圈完钱以后能老老实实地做事业。

104

还有一点稍微能让股民放点心的是，这些所谓的中小企业都是经过层层遴选，都是民营公司中最优秀的，优中选优，而且早都过了创业期了，大家说这已经叫准主板了。

郎咸平：而且这些企业已经缺乏创业板应有的成长潜力了，你说华谊有什么潜力呢？

石述思：都熟透了。

郎咸平：这种成熟一点的创业板，虽然是货不对板，但是稳定性、安全性还要高一点的。

王牧笛：很多人对创业板最初的一个理解、一个描述就是产业扶植，尤其是针对中小企业融资难的问题。那第四个问题就来了：创业板能解决现在中小企业融资难的问题吗？比如说2008年年底的时候，中国中小企业达到了970万家，税收达到了全社会的一半，提供了80%以上的工作岗位，但结果现在首批只有28家在创业板上市。

郎咸平：全世界除了纳斯达克之外，创业板的上市公司都是非常少的，几十家、上百家了不起了，你看纳斯达克虽然有成千上万家，但它属于例外。

王牧笛：那它是否提供了一个融资的渠道呢？

郎咸平：当然对这28家是这样的，问题是你有970万家啊，因此你没有解决问题。所以大家也不要有那么多的期望，想通过创业板解决中小企业融资难的问题。

石述思：人家说在中国做公司都充满了莫测感。因为我们毕竟是转型社会，法制化的市场经济还没有完全建立起来，所以说每个企业家，包括上创业板的人和没上去的人，其实都在做一件事——想知道上帝手里的那张底牌，到最后他发现还是只有上帝知道。 中小企业融资难的问题是全球性难题，没有标准答案，创业板肯定不是标准答案，但是能不能有点帮助？ 郎教授非常巧妙地说出了这种帮助——只对幸运儿有帮助。 我觉得如果真想帮它，其实四个字就够了——国民待遇，对于民营企业来说，你给它国民待遇比什么都重要，比创业板重要得多。

郎咸平：我还想再补充刚刚石老师讲的话。融资难对中小企业而言已经是小事了，而且全世界中小企业都融资难，中国一点都不例外，美国中小企业一样融资难。在中国，有些人还为中小企业融资难出了个高招——希望银行增加对中小企业的贷款。这是胡说八道的，胡来的。你知道吗，银行就不能对中小企业贷款，为什么？因为银行的本质就是安全，它负担着整个社会金融安全的责任，所以为了安全起见它必须投资安全的企业，这就是银行的责任。美国银行就是这样干的。

那么美国为什么会有纳斯达克呢？那就是因为中小企业高风险的原因，它不能够通过银行融资，所以就要通过高风险的市场来融资，那什么是高风险呢？美国人想了半天，搞了个纳斯达克。这个股票市场就是给了这些有创造力、想搞高科技、想搞新概念的人一个机会，让他们能够融到钱。可是我想告诉你一句话，美国纳斯达克成功的关键不是这个股票市场本身的原因，是因为美国这些中小企业非常富有科技能力，非常富有创造力，因此你给它点钱之后，它就能赚钱，它就能成功。

王牧笛：而且跟那个 IT 浪潮也有很大的关系。

改善经营环境才是正道

我们有970万家中小企业，我们给它们塑造一个好的环境，让其中一些有素质的企业能够发展起来，这个意义比创业板重大得多。

郎咸平：美国纳斯达克的成功不是创业板的成功，而是美国创造力的成功，是美国中小企业本质的成功，配上纳斯达克，才一点就燃。你不要以为，有了创业板就可以解决中小企业的问题了，你这是完全搞反了。

王牧笛：所以下一个问题就来了，现在中国企业家就发问了：现在既然中国创业板上马了，那中国企业还要不要去纳斯达克呢？因为以前中国企业很钟情纳斯达克，而且也创造了很多的财富神话。你看百度当年上了个纳斯达克，创造了多少财富的传奇。

郎咸平：你不要以为去纳斯达克就能成功，也不要以为去中国创业板就能成功，一切要看你自己企业的本质是不是好的，如果你真的有技术含量，真的有前景的话，你去哪都是可以的。

王牧笛：而且纳斯达克审批企业的方式好像跟中国的创业板也不大一样，像当时新浪上市的时候好像还亏着呢。

石述思：一句话回答你：如果是创业的话，各有千秋；如果是创富的话，请你留在祖国吧。因为这个也跟我们的发展阶段有关系，我们是初级阶段，我们制度环境不完善嘛，也需要时间，我们也应该看到整个股市一直是在向好的方向发展。

王牧笛：像在美国纳斯达克，除了美国之外，中国上市公司的数量仅次于以色列排在第二位。

石述思：跟人口一样，有数量没质量不行啊，现在不是说扩大人口数量，而是提高人口素质的年代。企业也是一个道理，提高自身质量是关键。

郎咸平：所以一切问题回到我刚刚讲的，一个企业的成功不在于你有没有上纳斯达克，不在于你有没有上创业板，而是你自己本身是不是一个好企业，这比什么都重要。

王牧笛：而且跟刚才教授讲的一样，纳斯达克没有那么多繁文缛节，它所关注的就是这个企业的创新性、高成长性，哪怕你当时财务是亏损的。

郎咸平：但是如果你做得不好的话，它有很严格的退市机制。

王牧笛：这次28家首先在创业板上市的企业，到底都有什么高招成了幸运儿呢？

石述思：它们也是我们现阶段能拿得出手的民营企业了。

郎咸平：也就是些稍微有点概念的、不是搞石油的、不是搞什么基础建设的。

石述思：至少听着不是夕阳产业吧，然后在技术上，虽然没有核心技术、没有自主知识产权、没有自主研发能力，但它至少有这样的基础吧。我们不能要求太高了。另外新的商业模式它也具备，市场前景也相对来说比较看好——业绩报表在那放着呢。所以这帮企业说白了，也代表了中国的一个产业导向。你不能直接跟微软、思科比啊，我们的成长阶段不一样。所以说我倒觉得我们应该先看到它好的一面，但是一个再强壮的种子，没有合适的阳光、空气、温度和水，它照样长不成参天大树。

郎咸平：第一，企业的本质是不是好的；第二，它的外在环境能不能够孕育出一个本质好的企业。如果能做好这两点的话，没有创业板还是会有好企业。因此，政府该做的不是如何完善创业板这么简单，而是把一个外在的环境做好，让一个本质好的企业能够全面开花结果。我们有970万家中小企业，给它们塑造一个好的环境，让其中一些有素质的企业能够发展起来，这个意义比创业板重大得多。

纳斯达克是中国创业板的未来吗

　　我们中国真的有高科技含量的企业吗？如果没有这种企业的话，又怎么会有好的创业板呢？我们是倒果为因，希望建立创业板之后就能搞好企业——彻底把它搞反了。

　　王牧笛：接下来的问题也是现在媒体极其关注的一个问题：这个创业板的风险到底有多大？

　　郎咸平：我们以美国为例，美国的银行股那是最没有潜力的，所以美国各个银行股的市盈率就是 10～15 倍；那种高科技、新概念股的市盈率到七八十、上百倍的都有。美国也是这样，为什么？因为这就是股票市场的美妙之处。对于高风险的股票，它会给你非常高的回报，可是你要注意这种高回报本身蕴藏的风险也是不一般的。所以，这次创业板 50 倍以上的市盈率，也绝对是超高风险的。

　　王牧笛：你看创业板 28 家公司，平均发行价是 25.43 元/股，最高发行价 60 元/股；平均市盈率是 56.6 倍，最高市盈率是 82.22 倍。

郎咸平： 其实这些数字还是可以理解的，就是把所有的风险转嫁成为一个市盈率。这不是你赚钱的好机会。

石述思： 这个问题就是说，喧哗和骚动已然不可避免，等滚滚红尘散去能不能回归人间正道，是你要考虑的问题。 那时候，活着是它第一课题。 其实我觉得平凡的股市、平静的股市是股民的幸福，充满了喧哗和骚动的股市，对股民来说是一场灾难。

郎咸平： 我们常常说股市有风险，但是你要晓得美国政府对它股市的管理是怎样的，就是确保它稳定地增长。因此，美国的股市 50 年下来平均回报率是 8%，非常稳定。就是因为稳定的股市，才能孕育出好的保险公司、好的退休金公司。因为它们的投资每年有稳定的回报，它才好计算；如果要是大起大落的话，那这个风险是不堪承受的。因此，什么是一个最好的股市——稳定的股市是最好的。

王牧笛： 所以慢牛不怕，慢熊不怕，就怕过山车式的猴市，这是最可怕的。

郎咸平： 目前一开始就这么高，那下一步怎么办呢？更高吗？你凭什么？

王牧笛： 而且，你看这次证监会做了一个巧妙的安排——开板不开市，开始你还无股可炒，它尽力地把这个风险降到最低，怎么也想取得个开门红嘛。 那下一个问题就是：创业板对于 A 股市场是个利好的消息，还是个利空

112

的消息？

石述思：按照官方说法，创业板融资的总额有限，对主板市场不会造成重大的冲击。但是你要说没冲击那也不一定，因为如果它这种疯狂的状态持续下去，摧毁的不是资金，而是我们股民的信心。所以，我倒希望这个高风险的股市能够一路平稳地走好。

郎咸平：既然要恢复信心的话，又何必通过创业板这个高风险的市场呢，干脆你把 A 股市场搞好不就好了吗？

石述思：它还得给中小企业开个口子嘛。

郎咸平：问题是中小企业有 970 万家，你这口子开得有点小了。

石述思：郎教授您不记得有句话吗？"人可以失去一切，不能失去愿景。"咱们这叫创业板，人家外电特逗，说这叫"A－"股市场。

王牧笛：那么所有的问题就归结到了这个第九问：创业板能成为中国的纳斯达克吗？

郎咸平：怎么可能呢？我刚刚说过了，纳斯达克之所以是纳斯达克，是因为美国的企业好。你说我们中国真的有什么高科技含量的企业吗？如果没有这种企业的话，又怎么会有好的创业板呢？我们是倒果为因，希望建立创业板之后就能搞好企业——彻底把它搞反了。

王牧笛：我们看到的是纳斯达克创造了什么微软、英特尔、苹果这些著名的企业，但其实是先有这些好的

113

企业。

郎咸平：对。

石述思：你这个问题问得我百感交集。 先来个悲观的回答——上帝流下了泪水："我也见不着那天了。" 乐观的回答——伴随着中国经济走上健康、理性、法制的轨道，为什么非要叫纳斯达克呢？ 我们为什么不能就叫中国创业板，然后逼着老美改名字呢？

第三部分

社会透视

第七章

透视"中国式慈善"

近段时间

新华都实业集团董事长陈发树的名字

频频出现在人们的视线中

前不久刚刚因"逃税门"事件

陷入舆论漩涡

2009 年 10 月 20 日陈发树再次在媒体中

惊艳了一把

据报道

这位有着"中国巴菲特"之称的福建富豪

将捐出自己身家的 45%

即其个人持有的价值 83 亿元人民币的有价证券

成立国内最大的个人慈善基金

消息一出

有人鼓掌有人拍砖

"舍财保身"的质疑

让人猜不透的资金形式

加上扑朔迷离的运作模式

新华都慈善基金到底是真正的慈善

还是又一次变了味的"裸捐"

做慈善不是我们的传统美德

你发现我们这个民族对于富人捐款或者慈善本身，是不习惯的。

（嘉宾介绍：石述思，资深媒体人。）

王牧笛：陈发树——"打工皇帝"唐骏的老板，他最近来了一个"半裸捐"——捐出自己近一半的身家，要打造中国最大的个人慈善基金。 咱们先来看一个背景资料：

近段时间，新华都实业集团董事长陈发树的名字频频出现在人们的视线中。前不久刚刚因"逃税门"事件陷入舆论漩涡，2009 年 10 月 20 日，陈发树再次在媒体中惊艳了一把。据报道，这位有着"中国巴菲特"之称的福建富豪将捐出自己身家的 45%，即其个人持有的价值 83 亿元人民币的有价证券，成立国内最大的个人慈善基金。消息一出，有人鼓掌有人拍砖。"舍财保身"的质疑，让人猜不透的资金形式，加上扑朔迷离的运作模式，新华都慈善基金到底是真正的慈善，还是又一次变了味的"裸捐"？

王牧笛：捐出83亿元人民币——9成的个人股份，45%——近一半的财产，这叫"半裸捐"，这么大的一个善举现在怎么遭受这么多质疑？

石述思：网上的意见特别极端。第一派意见居然引用了袁崇焕的诗——"功到奇伟即罪名"，就是来形容冤，就是说陈发树先生比窦娥还冤，他创造了个人慈善史上最大的一次善举，居然备受诟病。

王牧笛：而且之前的最大规模的也就是10亿元，还未果。

石述思：这是公众的声音。老说咱中国人仇富，陈发树事件发生以后，挺他的全是普通人。甚至我还观察了一下，好多挺他的现在连工作都没有找着，是活在贫困线以下的，还说中国富人有希望。但是精英们相对显得比较冷静，对他这个事情提出这么一个质疑：因为他在捐助前一个月，正在接受一个来自国家税务总局的调查。

王牧笛：他那个著名的"逃税门"事件嘛。

石述思：对，因此揣测是不是他玩了招"偷梁换柱"，想将疑似灰钱或者叫黑钱，通过慈善的方式洗白。我还注意到一个信息，《人民日报》在此事发生后不久，发表言论称其有避税的嫌疑。目前，这个事情已经成了整个社会关注的争议性话题。

119

王牧笛：这一段时间以来，陈发树先是进行减持、套现，然后开始投资云南白药和青岛啤酒，就在这如此微妙的时机，他竟然千金散尽——来了个"半裸捐"。中国富豪在做慈善的时候总会伴随着很多其他的想象，教授怎么看？

郎咸平：你发现，我们这个民族对于富人捐款或者慈善本身是不习惯的，这是最主要的原因。为什么会这样子？因为我们几千年来的理财观念都是，自己有了财富以后要恩及子孙而不给外人。所以在整个中国历史上，做慈善事业的人是少之又少的，而且这个从来就不是一个话题的中心。但在西方你发现情况完全不一样，你会觉得他们做这些事就很正常，他们对财富的观念跟我们是完全不同的。

王牧笛：比尔·盖茨有一句名言：慈善让我富有成就感。再比如说卡耐基那句名言：在巨富中死去是一种耻辱。

郎咸平：我们没有这种理解，什么叫"巨富中死去是耻辱"，我们不觉得是耻辱，我们觉得非常好。

石述思：以前是"我不下地狱，谁下地狱"；而现在北方流行一句调侃的话叫"我不下地狱，谁爱下谁下"。

郎咸平："各人自扫门前雪，莫管他人瓦上霜"，我们就是这种心态，和他们完全不一样。

王牧笛：2008年地震的时候，发生了很多跟慈善有关的事情。王石当时有一个所谓"10元论"，还有马云所

120

谓的"1元论"。 在中国这些有声望的企业家看来，企业家最应该做的事情就是持续地创造利润。 只有创造利润，提供了就业机会，纳了税，这个才叫企业最大的慈善。 而一般的这种无偿捐助，或者是一些零零碎碎的慈善夜、捐款会，在他们看来是一种不可持续的慈善。

郎咸平：这个很正常，我们过去的小农经济就是这样的，就是我把自己的家弄好，把自己的企业弄好，我缴税，这都已经是很烦的责任了；我还要把工人养好，让他们有吃有喝，做到这些就行了。他们就是这样想的。但是他们没有办法上升到一个更高的层次。阿里巴巴也好，万科也好，你有没有想到是因为别人买你的产品，你才能获得利润，是这个社会哺育你的，你个人的财富不是你个人的功劳，你千万不要把自己当成是无敌金刚，以为单凭自己就能够创造财富。

任何一个企业家，你所以能够创造财富，因为全社会在支持你。那我请问你，在创造财富之后，你还给社会的是什么？你只是给了替你工作的人工钱，给政府缴了税。那我请问你，对于这些买你产品的人，你给他们什么了？没有他们买你产品，你会有今天吗？这就是东西方一个思想上的差距，西方知道感恩，说这一切是上帝给的也好，消费者给的也好，他会回馈。

我们呢？就以这个开煤矿为例，我们孕育了很多煤老板，煤价涨了以后，他们都成为大款了，到处买房子。那我请问你，你今天的发达和你个人的努力有关吗？你不过是搞了个批文，开了煤矿。我告诉你，你赚钱的原因是整个社会进步的结果，是整个社会努力的结果，这才使得需求上升，使得煤价上升，你就富了，你个人毫无功劳，你赚的钱是社会所哺育你的。那我请问你，你如何来反哺社会？

石述思：所以说企业家是在"走钢丝"，一边你需要做好公司，一边你需要做好事，缺一不可。《蜘蛛侠》中有句话嘛："能力越大，责任越大。"

积极地对待慈善

我们跟美国对慈善的态度是不一样的：我们一听到你要做慈善，先防你再说；美国不一样，它是乐观其成的。

郎咸平：你发现民众对陈发树跟对王石、马云的反应反差非常大。我今天不想讲什么大道理，我认为真正的公理正义是在民间。这些老百姓、这些弱势群体用一种最简单的方式，就可以做出一个很正确的判断。他们是怎么判断的？他们认为陈发树是对的，虽然搞不清楚他的背景，但是他做的这个事情是好的。那对于王石呢？

王牧笛：你那么大的公司才捐了200万，还号召你的员工只捐10块钱，这就不行。

郎咸平：这个"社会大众的意见"是什么意思，我想在这告诉各位。英国跟美国整个判案的标准就是社会大众的意见，它不像我们是精英判案的。比如，今天你去打官司，这个法官是个农民，你肯定说，农民没学过法律，行吗？如果说法官是哈佛大学毕业，你肯定会很放心。为什么呢？我们是一个精英主义的国家。美国、英国他们是普通法系国家，判案的是社会大众，用陪审团来判案，因为陪审团的意见就代表社会大众的意见，他们的意见在英美法系看来才是社会的声音。从这个角度看，陈发树这件事我们已经得到答案了。

王牧笛：陈发树本人面对这些所谓精英的质疑，他是一笑而过，他自己说他很享受这种捐赠的过程。那咱们也乐见其成。

郎咸平：其实陈发树他风度还是比我好，我在2004年国企改革大讨论的时候，也受到精英的质疑，我跟他不一样，我是对干到底。

石述思：他做慈善，精英层之所以诟病他，实际上不是在信仰层面，因为中国在这方面是弱项——信仰缺失、情感缺失普遍存在，所以大家只有在制度层面来问责。中国还有一个问题是民营企业在一个特殊的生存环境下成长，因为中国的成长模式是全世界都没有过的。

王牧笛：一切规则的例外嘛。

石述思：对，它不透明，所以大家就要猜疑。还有一个质疑是，中国民营企业现在正处于成长期，是长身体的年龄，不应该干这种"裸捐"的事情。我们之前在探讨这个话题的时候觉得，是不是民营企业发展到现阶段，遇到了一些生存的困局。更加引起我们关注的是中国现存制度的漏洞，很多新生事物是制度没有规定好的。

王牧笛：这次陈发树捐的这83亿是个人持有的流通

股，这在中国应该不是第一次捐股票，但却是第一次被认可，以捐股票方式成立基金会的。 之前也是福建的、做玻璃的曹德旺要捐六七成的股份。

石述思：全中国 2/3 的汽车玻璃都是他造的。 他当时也是捐股票，但他跟陈发树有一个不同，陈发树的股权相对是明晰的，但是曹德旺当时股权更加复杂。 更可笑的是，最终曹德旺也没捐成，为什么呢？ 因为有关管理部门的管理相当滞后，他们只认识一种东西，就是现金。 这次陈发树又捐股票，而且数量又是前一次的好几倍。 现在至少说明，相关部门研究过这个事情，但是目前这在监管方面依然是盲点。

王牧笛：而且相关部门说，想约主要的企业家谈谈。

石述思：制度还没有跟上，很多行为已经出现。 实际上在慈善管理方面中国不是没有法律，基本的立法层面做得还是不错的。 例如，1999 年我们有《慈善法》，2004 年针对这种基金会性质为主体的企业还制定了《基金会管理条例》。 但是这些法规就是以管为主，对推动它的发展，我觉得是值得商榷的。 我们官方认同的慈善机构全是"二政府"，就是官办的基金会。 官办的这种慈善机构效率比较低，管理也不是很透明，而且资金量也不够，国家哪有那么多钱来搞慈善，搞现代化建设还需要银子呢，所以它需要把民间资本吸纳进来。 但是管理条例它有一条规定就是说你要想成立基金会首先得找个"婆婆"（官方组织）。

王牧笛："诈捐"和"裸捐"都不重要，找"婆婆"

最重要。

石述思：对，首先得找组织。 但是在找组织的过程中，又是麻秆打狼——两头怕。 你也怕，组织也怕。 你怕组织效率低、不透明，把你的钱花在不该花的地方上也不公开；反过来，组织还怕你是不是想避税啊，是不是想干点别的呀。

郎咸平：是不是灰色收入啊。

石述思：那结局就出现了：中国目前的民间慈善机构有200家，而美国有12万家。 这就是巨大的差距。 相对于中国这种贫富差距的情况，社会更需要民间资本介入慈善事业，但我们却陷入了某种制度的空缺。

王牧笛：所以有媒体评论说，为什么陈发树这个事情这么多人质疑，因为以前没见过，因为民间慈善基金太少，你要像美国那么多就不会这样了。

石述思：被雷着了。

郎咸平：而且我们跟美国对慈善的态度是不一样的。我们一听到慈善首先想会不会有问题，先防你再说，包括有些条例都是防你的。美国不一样，它是乐观其成的，认为很正常。

王牧笛：一个是消极的取向，一个是积极的取向。

郎咸平：对，完全不一样的。

石述思：其实我倒觉得咱们正确的态度应该是乐观其成。

郎咸平：当然是。

他该得到更多的赞扬

坦白讲我们这个社会不需要太多的批评家，请那些批评的人先想想看，你自己做到这步了吗？那你批评他是什么动机呢？你是想打击我国的慈善事业，还是想怎样？

石述思：他是个探路者，其实成败已经不重要了，毕竟你看他这个捐助模式是新的，额度也是新的，又结合现在民营企业的生存困局。

王牧笛：而且他关注的是弱势群体和教育这两个领域。

郎咸平：现在弱势群体对这个事情的支持就已经反映了民意，民意讲的跟我们几个讲的是一样的。你的动机我不想知道，你跟税务部门的关系我也不想知道，但是我问你，你捐了没？你捐了。那么那些批评他的人呢？你批评得很大声，你捐了吗？

王牧笛：有人在怀疑这是虚假捐款，还有的怀疑他想跟政府搞关系——各种各样的质疑。

郎咸平：坦白讲我们这个社会不需要太多的批评家，

请那些批评的人先想想看，你自己做到这步了吗？那你批评他是什么动机呢？我可不可以怀疑你一下，你这个动机是想打击我国的慈善事业，还是想怎样？

石述思： 其实，陈发树代表了中国民营企业的一种典型心态，他通过慈善完成了一次公共形象的塑造。

王牧笛： 咱们今天聊了信仰，然后聊了制度，是否可以从技术这个层面切入到这个话题？ 陈发树之前一直想做中国的巴菲特，结果打工皇帝唐骏一来，改做中国的比尔·盖茨了。 其实在美国，比尔·盖茨基金会也受到过质疑，这个质疑就是在技术层面上的。 比如说，比尔·盖茨基金会每年会拿出 5% 的资金去做慈善，而就是这 5% 可以让基金会其他的资本运作有减免税的优惠。 很多媒体评论说，比尔·盖茨这个基金会比其他以盈利为目的的企业赚得还要凶。 而这个陈发树现在也受到这种质疑。

郎咸平： 这个很正常，你说像耶鲁大学、哈佛大学的基金会赚钱不也是很多吗？ 这个很正常，它这个钱总要生钱吧，不能放在那边等着贬值吧。

王牧笛： 这是唐骏的想法，他给陈发树的建议就是，慈善要想有可持续的能力，就是要保值增值，这样才能不断地进行财产的聚散。

石述思： 我不相信任何人说的话，我相信制度。 你比如说我们的《基金会管理条例》有规定，不管是股票还是现金，你要捐了，你每年必须拿出 8% 去做慈善事业，你的运营成本不能超过 10%，这是有严格规定的。 你这 83 亿每年就要捐 6 亿多，我估计这个是民营企业承受不了的。

王牧笛：所以现在媒体在讨论，到底是 83 亿进入资产池，还是说股票的红利进入资产池。

石述思：还有税的问题，如果企业真的去做慈善，真的做了所谓避税的事情，我们的政策能不能跟进。 因为我们现在的政策规定是滞后的，没有对我们的企业家做慈善起到真正的激励作用。

郎咸平：都是消极的防备。

石述思：首先操作过程就是一场马拉松，何况再加上我们如影随形的精英们那种苛刻的眼光，以及我们对他原罪永不休止的追问。

郎咸平：真可怜，想想捐个钱何其难啊——前有狼，后有虎，中间一群小老鼠。

石述思：十年前有个民营企业家写过一篇文章，标题是《傻 ×才当企业家》。 我想替民营企业家说句话，我们当然呼唤法治的市场经济，呼唤阳光下的财富，但是它不阳光这个沉重的责任，难道我们总是让企业家独立来承担吗？ 是不是所有的人都应该有一种自觉的担当。 法治不应该仅仅是企业家的信仰，还应该是全社会的信仰。 面对陈发树的事情，我们都应该想一想，自己是不是有些该担当的东西没有担当起来。

郎咸平：所以我觉得透过这个事件，整个社会应该做个反思，我们如何能够从消极、防备、批评、扯后腿变成一个积极的鼓励。

129

石述思：我觉得即便是陈发树有问题，那也需要得到官方的核实，而不是胡乱猜测。

王牧笛：现在这叫媒体的狂想。

石述思：单从文化的角度看，中国小农经济五千多年了，我们这个民族没富过，什么时候集体富过啊？好不容易托改革开放的福，一部分人先富起来了。通过陈发树现象，也在说明一个问题，我们不仇富，我们希望有道德的富、有法制的富。

郎咸平：也就是说我们希望这些富人，能够自觉地取之于民还之于民，像陈发树一样做一个慈善基金，然后政府也能够配合，这个时候反而可以形成一个更和谐的局面。

第八章
大学的危机

百年学府武汉大学近日发生"大地震"

"常务副校长和副书记被抓"的消息

成了各大网站的头条

2009 年 10 月 9 日武汉大学给出迟到的说法

我校原常务副校长陈昭方

和原党委常务副书记龙小乐

因涉嫌受贿罪

先后于 2009 年 9 月 13 日和 9 月 26 日

被湖北省人民检察院批准逮捕

事实上高校腐败案早已不是什么新鲜事

仅就湖北一省而言

近年已有五六所大学的主管官员

因腐败落马

前一段时间诺贝尔奖陆续颁发

就在国人集体焦虑于

我们到底离诺贝尔奖有多远这一问题

并无限纠结的同时

中国大学以另类的方式给出了回答

何谓大学

"大学者，非有大楼之谓也，有大师之谓也。"

（嘉宾介绍：闫肖锋，《新周刊》总主笔，著有《少数派》及《杂志观》等系列文章。）

王牧笛：但凡大学发生点什么事，网上都炒得很厉害。最近武汉大学就出事了，而且我看网上流传一个帖子说，武汉大学的校级腐败高官落马了，武大师生评论此事是大快人心。这世道真是变了，以前说家里出了家贼的时候是引以为耻，现在叫大快人心。咱们先来看一个背景资料：

百年学府武汉大学近日发生"大地震"，"常务副校长和副书记被抓"的消息成了各大网站的头条。2009年10月9日，武汉大学给出迟到的说法：我校原常务副校长陈

132

昭方和原党委常务副书记龙小乐，因涉嫌受贿罪先后于2009年9月13日和9月26日，被湖北省人民检察院批准逮捕。事实上高校腐败案早已不是什么新鲜事，仅就湖北一省而言，近年已有五六所大学的主管官员因腐败落马。前一段时间诺贝尔奖陆续颁发，就在国人集体焦虑于，我们到底离诺贝尔奖有多远这一问题，并无限纠结的同时，中国大学以另类的方式给出了回答。

闫肖锋：有人说大学腐败案80%都是跟基建有关系，跟地方政府是一样的。 凭良心说，实际上大学还是一个清水衙门，因此基建是它唯一可以捞的。

王牧笛：除了基建之外还有招标，还有后勤，还有招生，主要集中在这四大块。 你看武大这个事情出来之后，有媒体评论说震惊了大陆教育界。 我看着就觉得好笑，如果这叫震惊的话，那大陆教育界一直在被震惊。

郎咸平：让我感到比较难过的是这些学生的幸灾乐祸。这个现象太值得我们关切了。

闫肖锋：没有痛心，没有反思，而是幸灾乐祸。

郎咸平：为什么呢？

王牧笛：评论说，这就说明武大校园的师生对这个事情早就知道，但是苦于自己在这个问题上没有发言权，所以就等着他们俩出事之后放鞭炮呢。 这就是官场文化对大学校园最恶性的介入。 在校长的选拔过程中，师生是没有任何能力说话的，这就是所谓的大学"衙门化"。 你看人

133

民大学的著名学者张鸣，他就写了篇文章评论这件事情。他说大学校长最大的过失是什么？ 不是把钱揣错了口袋，贪污受贿固然可恶，他最大的过失是把大学的教育搞得一团糟，把学术当儿戏，最终毁坏了大学之所以为大学的根本。

闫肖锋：教书育人。 这个育人更关键，那些楼堂馆所实际上只是一个工具而已。 如果把育人这个规矩破坏了的话，我觉得大学就不能称之为大学了，也不可能出大师。

王牧笛：当年梅贻琦不是说吗，"大学者，非有大楼之谓也，有大师之谓也"。 现在倒过来了，都去追大楼了。 现在网友有帖子调侃说，现在叫"大学建大楼，大官捅大娄"。

闫肖锋：现在大学还有行政化、官僚化的倾向，现在是校长一走廊、处长一礼堂、科长一操场，然后教授叫不响。

郎咸平：对，确实是这样子的。美国、中国香港跟我们内地的教育制度是完全不一样的。我就以教授为例好了，在美国就是，不做研究的才有可能去当系主任，当院长的根本就不是做研究的人。在学校里面最受学生尊敬的、最能代表大学之根本的不是像什么系主任、院长的行政人员，而是大学的讲座教授。讲座教授这个词在我们内地还是个新鲜词。

王牧笛：我以前在查郎教授资料的时候，发现教授是香港中文大学的讲座教授，当时也没太搞明白什么叫讲座教授。

郎咸平：很多人问我说是不是客座教授啊？不是的。

王牧笛：就去做做讲座。

郎咸平：对，坐在位子上讲讲话。它是这样子的，你拿了博士文凭之后到大学教书，先是助理教授，再升到副教授，再升到正教授，这是三个级别。那么讲座教授呢，就是有重大学术贡献，由校长另外再特聘的叫讲座教授。举个例子吧，张维迎的老师莫里斯，他本来在剑桥大学当院长，后来就被我们香港中文大学校长特聘过来当讲座教授。当然他伟大多了，我不能跟他比。还有像杨振宁、高锟、丘成桐也是讲座教授，这都是对于自己的学科有重大贡献者。

官员型学者

整个大学最重要的就是本科生，我为什么不能教本科生呢？

王牧笛：你看在欧美、中国香港，其实教授的地位是很高的，人家教授是可以叫得响的；但在内地不行，教授首先得兼个一官半职。

郎咸平：对，否则你玩不转。

王牧笛：科研经费你拿不到，你只有沾了系主任，或者沾了院长这个行政职务才能如鱼得水。

郎咸平：举个例子，中国香港的大学的研究经费甚至比美国还要多，在那真正有影响力的绝对不是系主任。像我以前常常被邀请去给年轻教授讲如何申请研究经费，他们找我去讲而不会找系主任去讲。而且一般大学在决策过程当中，会征询一些教授的意见，所以教授是大学的主体，跟我们这边完全不一样。很多人问我说："郎教授你只是个教授？"他觉得好像我怎么也该有个一官半职。我说："对不起，这是内地的活动，我们那边是不管这个的。"

王牧笛：而你看 2009 年评的这个"第五届国家高等学校教学名师"，有 100 个获奖的教师，其中只有 10% 左右是一线的老师，而担任党委书记、校长、院长等行政职务的占到了九成，还有些人身兼数职。

郎咸平：有些人问我："郎教授，你只带博士生吧？"我说："不是的，我还教本科生。"他们会很惊讶，我怎么会去教本科生。我说："教育本科生是应该的。"

王牧笛：而且是最重要的。

郎咸平：整个大学最重要的就是本科生，我为什么不能教本科生呢？我一年还教本科生两门课呢！我觉得很正常。

王牧笛：而现在内地大学稍微有点声望的老师，就不理本科生了。

闫肖锋：我发现这几次诺贝尔经济学奖得主很多都是大学教授。

郎咸平：基本上都是。但很难看到有什么系主任。

闫肖锋：中国大学教授里面出个诺贝尔奖的可能性不大。因为我看到中国有一种说法，至少在经济学家里面是这样的：一流的教授去了国际机构，像跨国公司；二流的就去大国企、大的垄断集团；然后三流的学者才去象牙塔教书、搞学问。这就是说去大学里面当教授的是混得不好的。

王牧笛：现在是用财富来衡量知识水平。

郎咸平：我上次打电话去某大学找个人，我说请问你是哪位啊？他说他是某某校领导。要是我，我肯定说我是某某教授。

王牧笛：但问题是，咱们这片土地上也曾经有过光荣的传统，你看西南联大的时候。

闫肖锋：那是中国大学的黄金时期。

王牧笛：是啊。中国有一流大学吗？有，西南联大。你看它当时的校长梅贻琦说："校长重要吗？重要。但是教授更重要。什么叫校长呢？校长就是带领这些单位的职工为教授搬凳子的，教授才是一个大学的灵魂所在。"今天不是了，今天怎么叫好教授？听校长话的，同时能当上校长的教授，这才是最好的。

闫肖锋：还有一个是论文得达到一定的数量，这像现在我们东莞工厂里面考核打工妹的办法——计件工资，你的论文要到一定的数量，才够评职称。那逼得这些老师没有办法就去大量地复制。

郎咸平：我在很多大学教过书，从美国到中国香港的大学，它们也有同样的要求。比如说，你要签合同的话，它会跟你讲得很清楚，你在未来的五六年之内要在什么样等级的期刊里面发表几篇论文，才会得到相应的待遇。但是你要注意，这些人是从美国、欧洲的大学里培养出来的，他们所有的分析技能都已经定型了，一定要有这种分析的技能才有可能在高级的期刊里发表论

138

文。所以你要把这种发表论文的标准用到内地的大学那是不可行的，除非他们是从美国读了博士回来的，否则根本不理解这个游戏规则。

王牧笛：也不是所有的教授都像您说的会去认认真真地写论文的，我看某高校40多个教授不写论文而去竞聘一个处长职位。你看武大这个副校长前几年也是做学问的，后来转做政务工作去了。

闫肖锋：学而优则仕嘛。

王牧笛：对。

郎咸平：在美国也是一样，比如说这次奥巴马总统当选之后，他从哈佛、加州伯克莱分校找了很多教授过去。他们去的时候是向学校请了几年假，等到他们从政府部门退休之后，有的可能回大学继续教书，有的可能不回去了。

闫肖锋：包括美国的财长最后去了耶鲁还是哈佛当校长。

郎咸平：哈佛大学。

闫肖锋：他这个过程是可逆的，我们这是不归途啊。你一旦去当了官以后，很难再回来做学问。

王牧笛：中国以前叫学者型官员。

郎咸平：现在是官员型学者。

王牧笛：其实现在整个世界的教育界的一个共识就是，必须要教育家来办学，或者说教授来治校。鲁迅先生当年说过："别以为教育当局是在办教育，教育当局是在

139

办当局。"现在中国面临的学术环境跟当时也很像，就如张鸣总结的新"四化"——学术行政化、大学官僚化、校园衙门化、学者奴才化。 咱们天天说为什么我们拿不到诺贝尔奖，我们大学教授都忙着当官呢，怎么能拿到诺贝尔奖呢？

不破不立

　　做研究的过程就要质疑前人，不断地怀疑才能够积累，才能创建出真正的科学，所以质疑就是创造力的开始。

　　闫肖锋：最近我看到教育部的官员按照一个调查说，我们中国高校的科研能力全球排第五，说如果按照这种趋势发展的话，我们获得这个诺贝尔奖指日可待了。

　　郎咸平：我不晓得它这个排名是怎么排出来的。

　　闫肖锋：它可能是按照刚才我们说的科技文献的数量排出来的。

　　郎咸平：你要晓得，在美国高校看你的科技文献，不是看数量，而是看你的论文引用率有多少，也就是你发表完这篇论文之后，别人写论文的时候参考了几次。那是非常规范的，像我的论文有多少引用，每篇都有统计的。我们对诺贝尔奖的理解是不够的，它其实就是要找到在某个专业学科里面第一个提出某个新观点的人。这个观点是你先提出来的，拿诺贝尔奖的才会是你。

闫肖锋：原创性。

王牧笛：现在网友还在问，郎教授为什么拿不了诺贝尔经济学奖？

郎咸平：在我们这个领域里面，你说我论文发表得怎么样？我论文发表得非常多。原始贡献有没有？也有的，问题是有这个原始贡献的人不止我一个。而且要经过二三十年之后，才知道你的贡献有没有影响力，到时候还得看能不能追溯到你，因为如果是几个人同时提出来的，它到底选谁，这都很难说。因此，我们不要对得诺贝尔奖这个问题看得太简单，这是一个非常复杂的遴选过程。

王牧笛：而每年诺贝尔奖结果一出，国内的媒体总会反思，除了反思刚才说的科研模式，还会反思教育模式，就是所谓人才培养的模式，媒体一直都在说，中国的这种教育方式培养出的人创新性不足。

郎咸平：对，就像中国科技大不是搞了个少年班吗？少年班毕业的学生后来怎么样？也有不错的，但是就没有出我们想象中的那种天才，他们就只是像一般好学校的毕业生一样，在各行各业小有成就。可是这不是少年班的初衷，少年班是希望培养出天才的。为什么出不了天才呢？因为它遴选过程就是有问题的，它当初在高中和初中所选拔的尖子学生都不是天才，而是些解题高手。

王牧笛：我看前两天有个新闻说，一个小女孩参加奥数培训，3年一道题都没听懂，她竟然这样坚持了3年。

郎咸平：这个意志力之强真是不可想象。

闫肖锋：我想起来还有另外一个说法，说为什么30年高考出了这么多高考状元，但没有一个在政经各界成为杰出的人才，然后这么多在国际奥数上拿大奖的，但是没有出一个正牌的数学家，没有一个获得诺贝尔奖。

郎咸平：很多人问我说："你的小孩在美国，你希望他念什么学科？"我说："我希望他念数学，希望他念英文。"他们说："数学不是很枯燥吗？"我说："对不起，那是中国的数学很枯燥。在美国学数学一点都不枯燥，反而让你觉得非常有趣。"我们不但解数学题，学英文都是在解题。像语法什么的，这都是在解题。你说美国人懂语法吗？他也不太懂的，所以我觉得我们中国人的英文语法水平甚至超过了美国人。

闫肖锋：最近还有一个很讽刺的现象就是，在中国内地学汉语的这些学生竟然比不过在美国学汉语的学生，因为教育方法不同，中国是背语法、背偏旁。

郎咸平：就是解题嘛。

闫肖锋：美国是从语感、从对话上来训练。

王牧笛：一种是用感觉来学语言，一种是用语法来学语言，两者思路不一样。

郎咸平：所以到最后我们学生只能看，甚至看也看不很明白，不会听、说、读、写。

143

王牧笛： 而且你会看到中西方教育里面，对于质疑的态度是不一样的。 比如说，中国人以前写字是从上往下写的，所以会不断点头，不断地确定；而西方人是从左往右写的，不断地摇头，不断地说 NO。 所以你看这种质疑精神对于科研或者教育来说是很重要的。

郎咸平： 是这样子的。比如说我们看论文的时候，看到一篇论文的一个假设条件可能有问题，我改变这个假设条件之后得出不一样的结论，就能发表论文了。所以我们在美国做研究的过程就是要质疑前人，不断地怀疑才能够积累，才能创建出真正的科学，所以质疑就是创造力的开始。而我们中国的教育有质疑吗？只要老师在黑板上写了什么东西，我们的学生要全盘照抄、要背，背完之后要考试，考题还有标准答案，这样教出的学生就不可能有创造力。

闫肖锋： 最后学生的思维越来越萎缩，身体也越来越萎缩，你看现在这些年轻人一点都不阳光。

郎咸平： 而且我看到小学生拿的那个书包比我的行李箱还重呢。

闫肖锋： 绝对比你的重。

王牧笛： 我妹妹前两天刚上大学，给我发封邮件，说："哥，我最近遇到一个困惑，你说这个背东西，我是死记硬背呢？ 还是按照自己的理解来背？"

郎咸平： 在我们这就不能按照自己理解去背。

闫肖锋： 所以出现了刚才说的，在美国学汉语要比在中国内地学汉语还要有效。 实际上，你真正理解的东西别人想拿都拿不走，你死记硬背的东西第二天就忘了。 说到培养学生的质疑精神，我想起一部电影叫《死亡诗社》。那里边那个教师就是刻意去发掘学生们阳光的一面、培养质疑的精神、激发他们的青春跟活力，最后学生们都非常非常喜欢他。

对学术的信托责任

作为一个学术人，你既然在这个位子，你就要承担起对国家、民族、老百姓的信托责任。

郎咸平：其实我本人也是受惠于美国的教育。有很多人问我："郎教授，为什么你在中国能够看到那么深层次的问题，看到问题的本质？为什么别人看不到呢？是不是别人不敢讲啊！"其实不是的，我看问题的方法是我在美国学的。什么方法呢？就是我们一定要从既有的理论当中找出新的理论。怎么找呢？一定要质疑对方，把他所讲过的话，按逻辑全部过一遍，会发现有的地方有问题；然后就是找到问题的本质，再从这里面做修正。因此，我看任何问题的第一眼，不会觉得你讲的对，而会觉得你讲的错，你讲的一定有问题。

闫肖锋：这有点像法庭上那种证明有罪。

王牧笛：马克思当年的名言——怀疑一切。而现在大学校园里流行的一个文化叫规训文化，教授被校长规训，然后青年学生被老师规训，彼此的规训就导致现在大学的怪现状。但现在又有一个问题，刚才聊到官场文化侵入大学——大学衙门化，现在市场文化也进入了大学，就是教授不正经做事了——教授老板化，有多少教授在外面有公司。

闫肖锋：即便是没有公司的，他如果申请到研究课题也是相当于一个项目经理，然后他再组织一些硕士生、博士生给他打工。

王牧笛：而且现在的研究生管自己的教授叫老板，我不知道在中国香港、在美国有没有这种现象。

郎咸平：在美国也是一样，也叫老板。因为在美国做科研的也要找经费，向公司申请、向政府申请。这就是所谓的政府、企业与学术界相结合，其目的是什么呢？目的是为了提高学术界的水平。我们不要以为这些教授拿了它们的钱之后就会替它们说话，我们要搞清楚这点。从政府、从企业拿钱做研究全世界皆然，问题是你做了研究之后，你要实事求是地发表你的研究成果，而不能成它们的代言人，美国对这个规定得非常严格。

闫肖锋：刚才说这个教授老板化，实际上我觉得这里面说的一个事实是，现在教授的收入里面，课题经费占了他收入的大部分。

郎咸平：不过这在美国是不可以的。拿到的经费就必须完全用在学术研究上，不能放进自己的口袋。

王牧笛：而且现在你看作为老板的教授，手下的硕士生、博士生越来越多，而以前可能是几个教授合伙培养一个学生。我看网友的调侃说："江南七怪再加上洪七公培养了一个郭靖——一代大侠，而一代大侠王重阳培养半天培养了全真七子——个个不争气。"陈丹青谈到目前学术行政化，包括官场文化进入学校的弊端的时候，他说了一句话我觉得说得很好，他说："整体而言，今日中国的高等教育，有大学没大师，有教育官员没有教育家，有教育政策没有教育思想，有教学大纲没有教育灵魂，有教育的地位没有教育的尊严。"其实，中国人近些年对于教育政策的理解集中体现在所谓的教改上，尤其是高等教育的扩招。教授之前曾经发表过很多关于医改、教改的言论，今天教改已经走过了 10 多年。

郎咸平：走过这 10 多年之后是什么结果呢？大学生毕业后基本失业。为什么呢？因为教改的本质错了。当初教改为什么会推动呢？简单地讲，就因为看到美国大学生比例特别高，我们自己的大学生比例很低，所以我们看到这个表面现象就认为，一定是美国透过人力资本的投入造就了一个繁荣的美国。那我们就想是不是我们把大学扩招之后，培养出更多的大学生，我们也能够像美国一样的富强呢？但问题是，我们就没有搞清楚本质的问题，不知道如何透过现象看本质。我请问你，你知不知道为什么美国需要这么多大学生？就是以产业分工而言，中国是干嘛的？中国是制造。那美国人干嘛呢？美国人就是做除制造以外的其他所有环节，真正需要大学生的是那些环节，制造是不需要大学生的。

王牧笛：咱们今天聊了这么多象牙塔里的怪现象。 过去一直都说大学是座象牙塔，其实好多人评论说，象牙塔那是 20 世纪的事了，现在哪有象牙塔呀，现在社会上发生什么事，大学就会发生什么事。 你会发现，以前大学里遍地知识分子的这样一个传统已经不在了，现在知识分子变成"知道分子"了。

闫肖锋：就是把知识从这个地方倒到另一个地方，然后像我们一样进入媒体，把自己的名声最大化。 像易中天也曾经说过一句话："如果要是 2 000 多年前的孔子来到我们这个传媒社会的话，他也不会拒绝上电视的，也会上《百家讲坛》的，这是一个趋势。"但是我觉得更主要的是，知识分子的良知不能因为这种市场化、官僚化而消失。

王牧笛：不能一味地迎合。

闫肖锋：作为一个学术人，所谓立德、立言、立功嘛，立德在前面。

郎咸平：所以讲到最后，一个本质问题是什么？就是你的良知是本质问题。换句话讲就是你对学术的信托责任，你既然在这个位子，你就要承担起对国家、民族、老百姓的信托责任。

闫肖锋：老师对学生有信托责任。

王牧笛：我们以前要勾勒知识分子，一般用的语言应该是独立的精神、批判的立场、边缘的姿态。 现在没了，现在网上流传的这些"知道分子"的宣言是什么？ 就是只说别人想听的话，说别人想要知道的东西。 这是一种迎合，这种迎合展现了现在中国知识阶层整体的面貌。

第九章

说说联想这些年

2009 年 9 月 8 日

将联想视为生命的柳传志

又完成了一个转弯

联想控股宣布

正式引入中国泛海控股集团入股

它成为联想的第三大股东

这意味着

联想控股 64％的股份不再归属国有

在"国进民退"引领时代潮流的今天

联想上演了另类的"国退民进"

柳传志说

民营的联想现在准备向愿景出发了

只是令人感叹的是

在中科院首次大幅减持

中国泛海闪电入股之时

联想也正在遭遇其创业以来

最为艰难的时刻

联想的华丽转身

联想从过去所谓的 IT 巨头走到今天，就证明它这么多年来，包括2001～2004年的多元化，以及其后收购 IBM 的企业战略，基本画上了一个句号——以失败告终。

（嘉宾介绍：李银，《21 世纪经济报道》资深编辑。）

王牧笛：咱们之前一直关注的是大事件，进行的是大叙事，今天咱们也像柳传志一样来个华丽的转身，关注一个具体的案例——说说联想这些年。最近，联想刚刚进行了股权转让，咱们先来看一个背景资料：

2009 年 9 月 8 日，将联想视为生命的柳传志又完成了一个转弯，联想控股宣布正式引入中国泛海控股集团入股，它成为联想的第三大股东。这意味着联想控股64%的股份不再归属国有，在"国进民退"引领时代潮流的今天，联想上演了另类的"国退民进"。柳传志说："民营的联想现在准备向愿景出发了。"只是令人感叹的是，在中科院首次大幅减持、中国泛海闪电入股之时，联想也正在遭遇其创业以来最为艰难的时刻。

李　银：你刚刚说到柳传志的转身，让我想起了2008年12月份，柳传志写了一封信给未来的企业家，信里面这么说："我们有幸经历过这么动荡的30年，也是充满机遇的30年，这个时候我自己快要退出这个旅程了。"但没想到他现在又出来了。

郎咸平：因为联想扛不住了，他不得不出来。联想内部的工作人员心里面已经扛不住那种巨大的压力，纷纷离职，所以老帅不得不出来。

王牧笛：而且他现在关注的是金融，是投资，来了一个华丽转身——从一个实业者转变成一个金融业的投资者。

郎咸平：不过他这几年给我们大家带来了很多的快乐，忽悠了这么多年，给我们带来了很多故事，否则我们的生活不是太寂寞了吗？

王牧笛：教授研究联想很多年了，之前也一直质疑联想的模式；而李银最近也写了关于联想这次股权转让的文章。咱们第一个问题就探讨一下这次联想为什么遭到抛售。

郎咸平：你想想看，2009年1月6日联想提出了重组，重组什么？它收购IBM已经到了尾声，已经不行了。

153

王牧笛：撤掉了好多工作岗位。

郎咸平：我讲一下联想这几年的经营模式，很简单，就是把亏损塞进渠道里面去。一年没问题，两年没问题，三年以后渠道商不干了，集体爆发革命，那它怎么办呢？那就是 2009 年 1 月 6 日开始的事，它透过重组把这些账全部给撤掉。我现在已经不想再分析联想，因为我很忙。其实，你把联想撤的账目跟它的亏损做个对比，就非常清楚了。联想从过去所谓的 IT 巨头走到今天，就证明它这么多年来，包括 2001 ～ 2004 年的多元化，以及其后收购 IBM 的企业战略，基本画上了一个句号——以失败告终。

转身背后

做不下去了，他不得不转。

王牧笛：说到联想，中国人曾经是把联想当作光荣和梦想。

郎咸平：其实，我都不知道为什么要把它当光荣跟梦想。联想看起来是个高科技，算了吧，大家关起门来说话，你有什么高科技的？你组装的电脑就那么六大块原件，没有一个核心技术是你掌控的，而且你要把这六大块原件装错都不可能。

李　银：对我们普通人来说，从感情上讲，联想是一个给我们震撼的企业，它能够去海外收购，那时候海外收购还是蛮少的。　但是这个收购到底带来了什么，2009 年 1 月份就已经看到了。

郎咸平：IBM 都玩不转的事情你玩得转吗？这事你想想就知道了。

王牧笛：这次股权转让之前，很多人质疑联想可能遭遇了很多问题，但柳传志自己不承认。《中国企业家》采访柳传志，问他："这次你跟泛海联手是不是意味着联想出了什么问题？"他说："没有啊，我们卖的是老股，我们没有问题。"

李　银：从金融危机开始到现在，最好火的就是会计师、审计师这些财务专家，因为他们能够把账面做得非常好看。对于联想，从账面来看其实问题不大，它现金还有14亿美金，包括它下面的几家子公司都还是不错的。那为什么中科院要减持它？应该是柳传志去说服了中科院的人，这样他的两个目的就可以达到：第一，产权改革可以再推进一步；第二，有钱做别的事，像什么投资、金融、地产、能源。

郎咸平：变成私募基金，所以它们从纯制造业转型成投资控股公司了。

李　银：这个就让我看不太懂了，虽然说我没教授那么有经验，研究公司也没那么长的时间，可是联想给我的感觉，如果要做多元化的话，至少得是相关多元化吧，像2001年的时候，其实联想做的还是相关多元化。

郎咸平：也不是太相关。第一个是互联网，第二个是IT服务业，第三个是手机。这跟电脑有什么关系？关系不是很大，当然都要插电，这是唯一相关的。

李　银：至少有点接近吧，不像能源、地产和金融这么离谱吧。

郎咸平：你觉得奇怪吗？2001 年联想做的三个行业也是没什么相关性的，电脑和手机是两码事，IT 服务业那是多么尖端的一个行业，就是目前 IBM 在干的事。

李　银：好歹是个技术行业吧，如今它已经不做技术活了。所以我想会不会是因为联想它没有业务基础，所以才会找泛海，因为泛海有地产、有金融。

王牧笛：它的布局跟联想理想的布局是很相似的。

郎咸平：它走到今天，作为一个不掌握核心技术的所谓 IT 制造企业，已经走不下去了。所以它希望透过 2001～2004 年的多元化走出一条路，结果到最后全盘失败；然后 2004 年之后希望通过收购 IBM 再走出一条路，到了 2009 年 1 月 6 日还是全盘失败。

王牧笛：柳传志接受《中国企业家》杂志采访的时候，这样阐述自己多元化的一个动机，他说："仅仅做联想或者神州数码这些 IT 业务风险比较大，既然我们现在有资金、有融资能力，那我们是不是可以再开展一些其他业务。"所以，这也是现在很多人分析它跟泛海联手的一个重要原因。

李　银：但是所谓的做主营业务的风险比较大，其实他的意思可能是说，他的电脑业务的市场份额已经达到 30%——饱和了。可是我们看看其他的企业，比如说海尔、格力，它们的市场份额都在 30% 以上，包括 IBM、微软，它们主营业务做得都非常大，风险何在？

郎咸平：IBM 为什么要把电脑部分卖给它呢？不是

因为联想有什么了不起的经营能力，而是 IBM 要重新组合它的业务。我觉得这点是需要我们中国企业家学习的。它这样做为什么？它这么做是为了强化其中一块业务——IT 服务业。

电脑软件业分成上、中、下游，中国企业基本是做下游，叫应用软件，像微软操作系统等基础件是最上游。在中国的下游软件跟最上游的系统之间需要中间件，IBM 就是想占领这整个中间件。它这几年所有的收购兼并跟重组，完全是为了这个唯一的核心，它把和这个核心业务无关的项目都卖了，包括把电脑卖给柳传志。它做这些事的目的就是要把整个软件业的中间件市场占满。

你知道这有什么好处吗？那就是当你占满这个市场之后，只要下游多开发出一个应用软件，它一定要通过中间件才能够连接到系统，这是绕不开的。因此，中国的应用软件越发达 IBM 就跟着越发达，因为每一个人都要经过它。中间件就是下游应用软件和上游的基础系统之间的桥梁，IBM 就把这个桥梁的工作做得很好，所以它最近的业务是蓬勃发展的。像它这种发展方式也是我所鼓励的，它这么做就是把握住了行业本质，在朝一个正确的方向前进。

王牧笛：联想现在遭遇了 25 年来最大的一次亏损，而且它现在提前弃用了 IBM 的品牌，因为它也觉得吃不消了。

郎咸平：它玩不下去了嘛。其实你晓得为什么柳传志老说要复出，联想很多领导都是我的学生，他们跟我谈话的时候，我感觉他们已经不是焦躁不安了，那是种恐惧。

李　银：他们恐惧什么呢？

郎咸平：就是我前面讲的，它把亏损塞到渠道里面去了，这个窟窿怎么补回来呢？哪一天突然爆炸怎么办？2009 年 1 月 6 号还真爆炸了，扛不住了就重组。因此在重组之前，联想的高级管理人员大量的流失，这不是一个失业的问题，而是心里的恐惧，整个盘子要失控之前的恐惧，所以造成大量人员离职。

李　银：所以您认为这个其实才是柳传志要做其他业务的原因。

郎咸平：对，做不下去了，他必须要做别的。哪天柳传志去盖房子我也不会觉得奇怪，我会表示"鼓励"，因为这就是我们企业家喜欢干的事，因为这个赚钱快。

王牧笛：所以说，联想这次破局是柳传志告别旧联想找寻新联想的华丽转身嘛。

圈里圈外

如果说这些财富的拥有者互相抱团的结果，能够将财富取之于社会还之于社会还好，那要不是呢？

王牧笛：很多人分析说，因为泛海集团的几个核心业务跟柳传志后半生的梦想是相关的，金融、新能源、地产都是柳传志梦寐以求的几个行业，还有很多人说泛海的老总卢志强跟柳传志的私人关系不错。

郎咸平：在李银讲之前我先铺个底。目前中国的企业家已经慢慢开始形成小圈圈，比如说很多学校开的**EMBA**班，就是这种小圈圈。他们不是去念书的，我教过很多班，里面都是胡混的多念书的少，主要为了认识人，组成小俱乐部、小圈圈。什么目的呢？兄弟我困难的时候你帮一把，下次我再帮你一把，就变成这样。因此，这群企业家在中国念书最主要的目的就是，为了应付将来可能发生的——像联想现在面临的问题。下面请李银开始发言。

李　银：教授这个铺垫非常好，说到泛海的卢志强跟柳传志的关系，其实他们俩都是"泰山会"的成员。

王牧笛：泰山产业研究会。

李　银：它是国内一个很顶尖的民营企业家俱乐部。当他们形成一种关系后就会互相去寻找商机，像前一阵复星集团联合了凯雷投资基金入股广东的雅士利。 复星的郭广昌和雅士利的老总张利钿，他们俩是非常铁的哥们儿，都是长江商学院的学员。

郎咸平：最近连赵本山都跑去参加这个长江总裁班了。

李　银：对，可见它的吸引力有多大。

王牧笛：你看卢志强跟柳传志他俩还都是全国工商联副主席，然后一个是政协常委，一个是人大代表，两个人有十多年的交情，兴趣爱好还相同。

郎咸平：兴趣爱好是打高尔夫球吗？有可能。这是我们企业家附庸风雅的爱好，每个人都打，打得好不好是另外一回事。打高尔夫球有什么好处呢？特别容易谈生意。所以我常常讲什么叫高尔夫球打得好？就是领导打到哪里你就能够打到哪里，找机会跟他说话，所以这才是打高尔夫球的真正目的。

李　银：说到工商联，我们知道民生银行的创办者经叔平，他就是最早的工商联主席。 而且在中国，民生银行也是比较早的提出从传统银行业务向零售业务转型的。 所以我觉得以泛海跟民生的关系再加上和柳传志的关系来看，他们之间是一个有连带效应的关系。

王牧笛：而且有媒体的小道消息说，2005年泛海的资金链出问题的时候，柳传志也曾经两肋插刀，包括上次牛根生的事也是。

李　银：牛根生哭的时候，听说柳传志也帮过他。这就看出了柳传志早先的设想，他当时帮牛根生的时候，用的是联想投资的资金。

郎咸平：所以大家注意，现在中国整个民营企业的发展，已经不是像美国一样朝着更专业的方式走，而是朝向我们中华"传统美德"的方向走：大家一家人，互帮互助，都是兄弟，你出困难我帮你，我出困难你帮我。这倒是一个中国企业的新模式。

王牧笛：柳传志怎么说，他说联想想打造一个没有"家族"的"家族企业"。

郎咸平：就是我刚才讲的那个意思，对不对。

王牧笛：刚才聊到牛根生，现在很多媒体把蒙牛跟联想作了一个比较：联想经过了十多年的努力终于把"红帽子"摘下来了，上演了另类的"国退民进"；而牛根生经过了十年的野蛮生长，终于戴上了"红帽子"——中粮集团入股。这真是"城里的人想出来，城外的人想进去"。经过这个"国退民进"，很多人说，柳传志终于长舒了一口气，因为之前柳传志自己在采访的时候也说，联想以前国字头的帽子会不利于其海外业务的开展。比如说，当时它把IBM的电脑业务收购之后，本来有一张美国国务院的大单，但是美国的参议员就说联想有中国政府的背景，所以这个单子就作废了。

李　银：给我的感觉是这次柳传志成了联想控股真正的主人，或者是一把手。

王牧笛：《南方周末》采访柳传志，柳传志说："我当董事长跟泛海入股是有很大关系的，是应泛海方面的要求才当的。"这句话怎么讲？

李　银：卢志强要他当董事长。

王牧笛：如果泛海不入主，他也就没有这个机会当董事长，所以等于是这次重组稳固了柳传志个人的江山。

郎咸平：没错。不过继续往这个方向走，中国企业慢慢就会形成一种新的组织架构、组织形态。令我非常担心的是，你发现这是一种权贵的结合，如果说这些财富的拥有者互相抱团的结果，能够将财富取之于社会还之于社会还好，那要不是呢？以联想为例，你发现我们对它更难监管了，它更不透明了，因为所有的都是他们哥们儿在掌控。我请问你，这些企业如果透过自己庞大的财富网络再勾结权力呢？

联想给了我们很多联想

现在在这种"国进民退"的浪潮之下，它的"国退民进"似乎不会引起太多人的关注。

王牧笛：当联想上演了另类的"国退民进"的时候，其实很多媒体在提醒它不能忘本。当年它是靠了中科院计算所的好多优惠，比如说现在融科置地的八公顷土地都是国家拨给计算所的，联想靠了它的土地，靠了它的技术支持，发展成今天这样。这个占了大量社会资本的企业，今天如何还富于国家、还富于民。

李　银：其实，很多人也把这次泛海入股联想跟 TCL 的 MBO 作了个对比，因为当时 TCL 号称"很阳光的 MBO"，如果不是被教授喝止的话，估计有很多企业会效仿。有些人担忧这次联想会不会也用这种方式。

郎咸平：它已经成功了。

李　银：还有下一步呢？

郎咸平：因为现在在这种"国进民退"的浪潮之

164

下，它这么做似乎不会引起太多人的关注。

李　银：很聪明的一个选择。

郎咸平：他的聪明才智肯定是比我高得多，你不要看我有时候批评这些企业家，我承认他们比我聪明，我只能跟在他们后面去发现一些小问题而已，他们还是很有"创造力"的。

王牧笛：关于联想的话题有很多，其实近十年间好多人甚至连联想集团和联想控股的区别在哪里都不知道。

郎咸平：**我都没搞清楚。**

王牧笛：我们一说联想，想到的无非就是电脑。

李　银：其实关于联想的品牌管理，我认为是个很失败的案例。

王牧笛：联想控股甚至还有一个针对白领的餐厅。

李　银：很乱的一个品牌。

王牧笛：所以很多人发出一个疑问，25年之后我们说联想的时候会想到什么？　会想到一个清洁能源公司、一个地产公司、电脑公司，还是别的什么公司？

李　银：联想给了我们很多联想。

王牧笛：其实，关于柳传志之前进行的那轮多元化经营，他自己也承认是失败的；现在又开始了新一轮的多元化，这次的重头戏是投资领域。

郎咸平：像新能源，我看也没什么成功的机会。我们以前都讲过了，那个行业现在是产能严重过剩，我建议联想搞搞餐馆算了。

165

李　银：如果从这方面看，会不会是大家对柳传志有误解，他是不是想做一个类似于李嘉诚那种财务控制型的投资机构，而不是真的要去做实业。

王牧笛：在这次转身之前，他也专门研究了李嘉诚、巴菲特那种核心资产多元化的战略，他似乎想跟随着这些前人的步伐，走出一条自己的路。

郎咸平：当然，我对李嘉诚整个企业也有比较深入的研究，他是个投资控股公司，基本上不太做制造，这种辛苦活他现在不干了。

李　银：所以他们说他是有头脑没手脚。

郎咸平：是，比如说他做什么基础建设、通信、能源、地产、零售，还有港口。同时根据我自己的研究结果，我发现李嘉诚做的这几个行业，就以和记黄埔为例，他有七大行业，这七大行业之间的风险可以对冲掉，让公司的盈利或者现金流达到一个比较稳定的水平，所以他们所谓投资控股的重要目标之一就是希望达到这样一个稳定赢利的状态。

李　银：这是柳传志梦寐以求的呀。

郎咸平：对于一家投资控股公司而言，我认为这还是一个比较正确的做法。我们跳开李嘉诚，再去看看通用电气。通用电气也是一个多元化的企业，但它的多元化是不一样的，它完全是独立经营的实体制造业，包括医疗器械、飞机引擎，什么都搞。像它那个水平的，我们中国一家都没有。

王牧笛：对，柳传志自己也说，他去考察了通用，最后觉得实在做不了通用。

郎咸平：通用电气涉猎 14 个类型的行业，并且每个行业里排名都是第一或第二。所以像柳传志这种所谓中国的杰出企业家，如果到最后走的路和李嘉诚一样的话，我会感觉到很紧张，我们的实体经济怎么办？将来靠什么创造财富，港口可以吗？能源可以吗？这些只是经营的问题，只是利用现有的结构做一个经营上的调整来赚钱。但是整个社会的发展动力是来源于像通用这样的企业，能够从基础行业创造出利润推动社会的进步，这才是一个国家的根本。所以，美国有通用电气，日本有索尼，韩国有三星，它们才是带领这些国家走入世界一流国家行列的重要支柱企业。如果没有这样的企业的话，你永远就是一个二流工业国家。

王牧笛：按联想自己的话说，联想控股会把联想集团的电脑制造，作为一个长期持有的核心资产，现在无非是想寻求这种核心资产的多元化，寻求另几个核心资产。

郎咸平：是像 2001～2004 年那样吗？

王牧笛：他说当年搞多元化失败的原因，是因为组织架构不健全，最近他提出一个"舰队作战模式"。我给两位概述一下，对"舰队模式"柳传志打了一个比方，他说赵令欢就是主管弘毅投资的，朱立南主管联想投资，这两个子公司是独立的"战舰"，而联想控股这个"母舰"起到的是协调作用，只是制定一个方向而已，其他的都是他们自己当家做主。

郎咸平：这不就是通用电气的模式吗，就是把通用电气的经营理念换上一个新的名词，看起来好像很有水平的样子。

李　银：通用电气是因为有技术基础、实业基础，本来联想也应该是有一定的基础的。

王牧笛：当年联想有个"技工贸"还是"贸工技"的线路之争。

郎咸平：现在也不提了，现在要搞"舰队"了，再过几年又不知道要搞什么花样。

王牧笛：他每回都有个目标，柳传志的管理思想叫"看中目标拐大弯"。

郎咸平：反正基本上都是错的，到最后都会改的。联想目前的做法是完全违反国际潮流的，以美国为例，美国企业从20世纪80年代就开始放弃多元化了，进行绝对的专业化。我们刚才讲的通用电气几乎是唯一的例外，其他企业都是专业化，像思科、微软。

王牧笛：所以用教授的话来讲，通用也是个小概率事件。

郎咸平：对，通用电气人家是什么水平啊，人家从19世纪就开始生产灯泡了，经过100多年的发展慢慢扩展到别的业务。这是经过百年积累的结果，我们有这种水平吗？

王牧笛：所以这个多元化经营，对一个专业主义机制培训出来的联想来讲是个困局。 关于联想有两本企业史：一本叫《联想风云》，另一本叫《联想局》。 一本被看做是正史，另一本被看做野史。 柳传志最终选择的是凌志军的《联想风云》。

郎咸平：正史是吧。

王牧笛：对，正史。 《联想风云》的结尾有一种凌志军式的浪漫，2007 年的时候写的这个结尾，上面是这么描述的：2008 年的联想一定比当时更美好，联想将把英语作为新联想的官方语言。 没有被柳传志算作正史的叫《联想局》，是迟宇宙写的，他的结尾是：联想一次次布局，一次次破局，一次次结局，又一次次重新走回局中。

李　银：是一次次否定自己。

郎咸平：不过他也不容易，否定这么多次还能够出来，走到现在真的不容易。

王牧笛：柳传志自己是信心满满，他打算是 3～6 年之后，联想控股本身上市，并选择在香港上市。

郎咸平：如果自己都没有信心怎么能忽悠别人呢？

王牧笛：而且他是要把联想打造成一个伟大的公司。

郎咸平：这话我好像 2001 年听过。

第四部分

国际视野

第十章
诺贝尔和平奖：怎么就是奥巴马

上任不到九个月的美国总统奥巴马

获得诺贝尔和平奖

2009 年 10 月 9 日这条重大新闻

在全世界电视、网络等即时媒体报道中

滚动了一天

几乎所有人都和奥巴马本人一样愕然

支持者认为这是一个神话

反对者认为这是一个笑话

美国《时代周刊》评论说

奥巴马获奖令人吃惊

因为奥巴马

在诺奖提名截止日期前不到两周

才执掌总统之职

现在授予奥巴马和平奖为时过早

而与此同时

在线调查显示 80% 以上的中国网民

对奥巴马获奖表示了质疑

意外中奖

　　原来美国人什么事都不干才能换来和平奖。给他一个和平奖，目的就是希望美国总统以后什么事都别干，对全世界人民来讲就是个好事。

　　（嘉宾介绍：王晓林，《时代周报》首席编辑。）

　　王牧笛：最近奥巴马又成了风云人物，我现在特别喜欢奥巴马，因为只要这个人存在，咱们就永远不愁没有话题，他是当之无愧的话题人物。这次他获诺贝尔和平奖的消息一公布，世界媒体就炸了锅。咱们先看一个背景资料：

　　上任不到九个月的美国总统奥巴马获得诺贝尔和平奖，2009 年 10 月 9 日这条重大新闻在全世界电视、网络等即时媒体报道中滚动了一天。几乎所有人都和奥巴马本人一样愕然。支持者认为这是一个神话，反对者认为这是一个笑话。美国《时代周刊》评论说，奥巴马获奖令人吃惊，因为奥巴马在诺奖提名截止日期前不到两周才执掌总统之职，现在授予奥巴马和平奖为时过早。而与此同时，在线调查显示，80%以上的中国网民对奥巴马获奖表示了质疑。

王牧笛：《纽约时报》网站的头条标题是"吃惊——奥巴马因外交获了和平奖"，然后《华盛顿邮报》的评论是"一个令人目瞪口呆的决定"。

郎咸平：BBC才有意思，它说奥巴马什么事都没干，原来美国人什么事都不干才能换来和平奖，给他一个和平奖，目的就是希望美国总统以后什么事都别干，对全世界人民来讲就是个好事。

王牧笛：其他媒体评论说，自布什以来只要是美国总统不放出狠话就能获和平奖。在两位看来，这个和平奖授予奥巴马，他做了什么伟大的事情？

郎咸平：看了很多媒体的报道跟很多的评论文章，我有个感觉就是，大家都没有搞清楚到底和平奖的本质意义是什么。一谈到诺贝尔和平奖就以为，获奖的人一定是对世界和平有很大贡献的，因为我们就喜欢根据表面现象做判断。其实什么叫和平奖？不是因为他对世界和平有什么贡献，而是对于挪威人民而言，他做了令他们感动的事情就可以拿和平奖，然后把他们的价值观透过这个人向全世界表达；否则谁会听挪威人讲话，这么小的国家，理都没人理，甚至很多人还不知道它在哪里。

175

王牧笛：这个奖很奇怪，诺贝尔其他的奖是由瑞典的斯德哥尔摩所决定的，而唯独这个和平奖是由挪威的奥斯陆决定的。

郎咸平：而且是议会决定的。挪威议会选出五个议员，议员是干什么的，议员就是反映民意的人，因此他们五个人就是把挪威的民意透过和平奖反映出来，然后把他们的价值观透过和平奖向全世界传达。因为它既没有美国的军事实力，也没有德国、法国等国家的经济实力，它只有靠和平奖。

王牧笛：所以就是说，挪威人现在知道每年他们都有两次可以影响到全球的机会，一个是宣布诺贝尔奖的时候，还有一个就是颁奖的时候。

郎咸平：就这个时候大家才会谈到挪威，平常是不会谈到的。

王牧笛：就王老师看来，这次诺贝尔委员会为什么会把天上的馅饼砸向奥巴马？当时奥巴马在熟睡中，他的助手把他叫醒，然后紧急给他写获奖感言。

王晓林：其实大家都很吃惊。我记得当时是我们在开编前会，大家正在定封面人物的时候，我们的国际版主编突然说："奥巴马得诺贝尔和平奖了！"然后我们所有的编辑都很吃惊，当时还不知道他为什么得的。结果，我们有人说因为他有裁军、裁核；还有人说他是个黑人，当上总统对促进美国的和谐社会有贡献……反正大家都是瞎猜。让我们分析他为什么得奖，其实是很难猜对的。因

176

为就像郎教授刚才说的，这是个纯主观行为，它很主观。诺贝尔和平奖是所有奖项中争议最大的，有超过 20 次是空缺或者是被拒绝的，这个比例已经很高了。

王牧笛：而且别说这个决定让我们吃惊了，我看路透社的记者发电子邮件给奥巴马的助手——高级顾问阿克塞尔罗德，路透社的记者说："许多人对奥巴马获奖感到惊讶。"他的高级顾问回复道："我们也是，我们也很惊讶。"

郎咸平：美国人还是比较幽默的。其实对于这个奖项的理解，我觉得我们可以用一种更形象、更简单的方式。我们央视不是有一个叫《感动中国》的人物评选吗？这个诺贝尔和平奖就是《感动中国》挪威版，也就是"感动挪威"。而且挪威想选出一个有争议性的人物，希望大家不同意，希望大家争论，然后把他们国家的理念透过这种争论向全世界作表达。因此它这次又达到它的愿望了。

王牧笛：奥巴马做了什么事感动了挪威？一般你得做出点有助于和平，或者有助于世界人民和谐发展的事，才给你发这个奖。

郎咸平：不对，这个理念是不对的。其实和平奖的评选，它有两个标准：首先选拔年度感动挪威的人物，这是第一选择；如果实在选不到的话，就选出一个终身成就奖。

其实想一想，比如我们三个是提名委员的话，每年

177

我们都提名一次。那我请问你，你是提名给一个终身成就的人，还是会提名给有时效性的人？你肯定选有时效性的人，因为能得终身成就奖的人再等一两年也无所谓，可是这个有时效性的人到了明年就没有时效了，大家就把他忘光了。如果这个有时效的人的亮点刚好能够体现出挪威人的理念、挪威人的思想的话，他就会中选了，这就是挪威人现在干的事。

和平奖折射出挪威人的价值观

他感动了挪威人，所以他们老早就想把这个奖给他了。

王牧笛：奥巴马符合挪威人的标准吗？

郎咸平：完全符合。首先你看挪威是个北欧国家，北欧的这几个国家在全世界影响力都不大，只要碰到战争就是被践踏的对象，像丹麦、芬兰，还有挪威，当然瑞典还好了，在第二次世界大战中没有被德军征服过。这些国家被征服的时候很少有抵抗的，比如说我有一个同事是丹麦人，他说德军要进攻丹麦了，他们就投降了，投降之后他们跟德军关系处得非常好，德军常常到他们家串门聊天。这就是北欧，非常有意思。

王牧笛：这叫后现代的恬淡隐忍。

郎咸平：但是他们内心深处，对于像第二次世界大战中德国这种法西斯、这种单边主义是非常痛恨的。虽然当时他们和德国人私下处得不错，但是他们非常讨厌这种一意孤行的单边主义。

王牧笛：所以后来德国总理勃兰特那一跪，挪威人就把和平奖授予了他。

郎咸平：你想想看，他跪的时候，德国人还不高兴呢，大概有48%的德国人说，哥们儿你做得过分了，你跪什么，谁要你去跪的。而且他下跪的时候是没有经过讨论的，没有经过国会授意的，自己一感动就下跪，而且他跪的是谁呢？跪的是这些波兰的抗暴英雄，而不是跪那些在集中营里面被处死的人。很有意思，他这一跪不但不符合德国人的诉求，同时出乎全世界的意料，没有人想到他会去跪。

突然一跪，挪威人感动了。当初你打波兰就像打我们挪威一样，今天你跪下代表你承认错误了，就是因为你承认错误，我们可以建立一个更和谐的大欧洲。这个就是挪威人的政治理念。他们希望有一个和谐的大社会，那么德国人的一跪就促成了这一步，化解了很多的矛盾，因此他们很感动。后来这家伙什么事都没做，两年之后就下台了，他根本就没有时间去推广他的理念，因为他的就职时间太短了。

王晓林：奥巴马之所以是北欧人民的"这一杯茶"，给他的颁奖词中也说了，就是因为作为总统的奥巴马在国际政治中创造了新气象，多边外交重新获得了中心地位。

郎咸平：因为奥巴马的前一任是小布什，他是单边外交，他看你不顺眼他就打，嚣张得不得了，打伊拉

180

克、打阿富汗，还想打伊朗。当小布什要攻打伊拉克的时候，国际原子能委员会的总干事巴拉迪，他这个人比较有正义感，他说你们的证据都是有问题的，你们说伊拉克有大规模杀伤性武器，但最后你们根本没有找到证据，凭什么打伊拉克？他这个正义的怒吼很重要，什么意思？这就是一种北欧人的政治诉求——反对单边主义。你不能说你想打伊拉克就打，你得拿出证据来，你既然找不到证据你凭什么打。

在巴拉迪即将成为和平奖获奖人的时候，小布什还说，这哥们儿不地道，反对伊朗不够激进，所以要把这哥们儿给撤掉。挪威一听，想撤掉他，门儿都没有，颁他一个和平奖，颁了之后，结果国际原子能大会第三次把他选出来。

王牧笛：还是总干事。

郎咸平：对。这就是一个在国际事务上毫无发言权的挪威，它透过颁发诺贝尔和平奖给反对单边主义的人之后，竟然改变了世界。这就很有意思了。

王牧笛：所以现在很多媒体评论说，诺贝尔和平奖在不断地抽小布什的耳光。巴拉迪是一个例子，还有个例子是戈尔。戈尔是在美国国内的选战中败给了小布什，但是很快就跟 IPCC（联合国政府间气候变化专门委员会）联合获得了诺贝尔和平奖。还包括这次的奥巴马，为什么说这也是抽小布什的耳光？因为授奖给奥巴马，还真不是奥巴马作出了什么贡献，而恰恰是因为他前任的无能。

181

郎咸平：我想不是，这只是我们中国人的理解，我想比这个还要复杂一点。我们以戈尔为例，他感动了挪威人，为什么？请你到挪威或者欧洲其他国家看一下，那里就是个大花园，他们非常注重环保，如果真的是因为二氧化碳的缘故造成全球变暖的话，我相信挪威等国会是最大的受害国。而对于美国这种单边主义国家而言，竟然会有一个现任的副总统提出保护环境，这一点就非常能够感动挪威人，说这哥们儿够意思，他现在做的事情很多美国总统从来没有做过，美国甚至在《京都议定书》上都不签字。

王牧笛：戈尔做了什么贡献？就是参与了一部电影的拍摄。但是又一个问题来了，克林顿应该比戈尔做得卓有成效，比如说克林顿在全球防治艾滋病、防止全球变暖上都做了很多工作，他还当了联合国海地特使，还去朝鲜解救了被扣押的记者。好多人问，为什么给了奥巴马不给克林顿？

郎咸平：他不符合挪威人的理念。挪威人下午5点钟就一定会下班，而且挪威的商场包括杂货店6点钟一定关门，为什么？因为6点钟以后就是家庭聚会时间，父母亲一定会花时间和自己的子女在一起共进晚餐，然后晚上陪儿女一起看电视，一些很无聊的电视，比如说卡通、园艺、动物世界，然后10点钟催小孩子上床睡觉，早上起来陪小孩子吃早饭，不会拿几块钱去门口买个煎饼吃，那是我们中国人干的事。他们对家庭非常非常重视。

我们中国人很有意思，比如说今天我们做父母的带小孩参加聚会，小孩子到处乱跑、吵得要死，然后做父母的就会打一下、骂一下。因此，小孩子一听到要跟父母出去，第一个反应是"又要打我了"，他就有种排斥感。可是挪威人不是的，挪威人带小孩子出去的时候，完全是以小孩子为主，让他们尽情地玩乐。所以挪威的小孩子一听到父母要安排什么聚会的时候，他内心是喜悦的，他知道不会挨打，这跟我们中国人是完全不一样的。

这就是北欧对于生活、对于家庭的态度，他们是非常注重和谐家庭的。所以选戈尔不选克林顿，为什么？克林顿这一生桃色新闻不断，而且又喜欢说谎。比如说，媒体问他："你有没有抽过大麻？"他说："我没有抽过，我吸过"——要嘴皮子。加上他和莱温斯基的事，这在挪威人看起来简直是不可忍受的。

王牧笛：尽管他比戈尔更有成就。

郎咸平：尽管他比戈尔投入了更大的力量来做环保，但是在家庭的理念上违反了挪威人的准则，所以他就不会当选。

王牧笛：而相比之下，奥巴马好像在家庭关系上维护得不错。

郎咸平：这哥们儿天天带他儿女出来，而且跟媒体谈话的时候，他总会说"我昨天晚上给我的女儿怎么补习功课"啊，"昨天晚上我陪她们看电视"啊……这些事情我们中国人听了会觉得他怎么没干正事，但挪威人

183

听了，就觉得"这不就是我们的家庭理念吗"？因此，在家庭伦理方面，他符合了挪威人的诉求，加上他政治上多边主义的态度，这个贡献就太大了。而且这都是他在竞选的时候表现出来的，所以他刚当总统还没有多久就已经被选定了。他感动了挪威人，所以他们老早就想把奖给他了。

王牧笛：但未必是被他的行动感动了，而是被他的承诺、他的演讲感动了。

郎咸平：就像那个德国总理一样嘛。你只要感动人就可以了，至于用什么方法没关系。

王牧笛：所以说，诺贝尔奖的其他奖项有斯德哥尔摩式的傲慢与偏见，说到和平奖你不能说是奥斯陆的傲慢与偏见，但起码奥斯陆也有自己坚守的理念。

王晓林：奥巴马得了诺贝尔奖，我觉得挺矛盾的。因为他只上任了 8 个多月就得了这个奖，虽然郎教授刚才说他种种的好，但是毕竟他在公众的视野里出现的时间很短。

郎咸平：感动人是不需要太长时间的，比如说，像一见钟情需要多久呢？看一眼就可以了。那感动挪威人也不需要太长时间，相处久了反而发现毛病越来越多，变得讨厌。因此，时间越短越符合我讲的理念，所以大家应该更能理解为什么他能够当选了。

王牧笛：奥斯陆的诺贝尔委员会对奥巴马一见钟情。

郎咸平：对。

184

中国人的诺奖情结

我们不要把这个奖看得有什么了不起的，不要把它看得太严肃。

王晓林：但是，诺贝尔和平奖对奥巴马本人来讲压力很大呀，无论是从道德上还是从执政上，大家都会抱更高的期望。 如果再出现一个和女助理之间的超友谊关系的话，发生在克林顿身上我们可以说是绯闻，但是如果发生在奥巴马身上那就是个丑闻了。

王牧笛：压力很大，给他个大大的奖状把他捧上了一个神坛，但这个神坛可能是夏天的火坑。 奥巴马自己在玫瑰园演讲时说："我把它理解为一种行动呼吁，或者是之后的一种期许、一种鞭策。"那如果他以后一旦在这个方向上做错了一些事情，这个奖就要打折扣了。

郎咸平：我跟你讲，挪威人没那么复杂，就是你感动他之后他就给你这个奖，至于说日后你是不是要符合他这个和平奖的理念呢，我相信挪威人并没有想这么多。但是美国人想得非常多，包括我最近看到一个媒体说："你要退回这个诺贝尔和平奖，因为你要告诉挪威人、北欧人，就是因为美国的这种单边主义、美国这种强大的军事实力的保护，你们才有那么好的日子、那么好的家庭生活，那都是我们美国人出钱出力、流血流汗所构建的有序社会。"你看，这是美国人所想的。

王晓林：这就是北欧人价值观的一种体现，所以我们也没有必要非得把它放到一个很高的地位去看。

郎咸平：不要把它看成是一个国家行为，没有那么复杂。比如说，像前两年不是颁给孟加拉的乡村银行了吗？那我们是不是也应该搞一个中国的乡村银行体系呢？其实，在挪威人看来乡村银行本身就象征着和谐，因为透过这个乡村银行，让大家能更快地得到资金、更快地富裕，形成一个和谐的社会。这就是挪威人想的，就这么简单。我们不要把它上纲上线，我们不要为了拿诺贝尔和平奖而动用国家力量来推动这个乡村银行。

王牧笛：在诺贝尔和平奖历史上有一个很大的争议就是甘地，圣雄甘地五次提名但没有一次获奖。

郎咸平：一定选不上的，他违反了挪威人的期许。

王牧笛：他也是"非暴力"啊。

郎咸平：对，他是"非暴力"，但你看挪威人是怎么看甘地的：我们欧洲其中一个国家——英国，在你印度设立了一个我们所认同的自由、民主、法治的社会，你这哥们儿不好好学习我们的理念，搞什么"不合作运

186

动"，你有什么不合作的，就是不给你这个奖，你根本就没有达到我们的期许。

王牧笛：印度的甘地在某种程度上不符合它的理念，反而印度的特蕾莎修女符合了它的理念。她以一己之力来实践她的那种恬淡隐忍、和谐、与人为善的后现代生活方式，她获了诺贝尔和平奖。

郎咸平：对，这就是挪威人。

王牧笛：刚才说挪威人通过这个和平奖彰显了他自己的独特理念，但毕竟世界上没有一个统一的价值观、统一的理念。

王晓林：这个世界就是文化冲突的世界，如果是先进的文化我们就去学，但我们没有必要削足适履。就像你讲孟加拉的乡村银行家——尤努斯，一个农信社的人就跟我讲："我怎么学尤努斯？他的利息是20%，他实际上放的是高利贷。"

郎咸平：按照我们中国人的说法他就是"吸血鬼"，在我们这里还要判他刑呢。

王晓林：所以，他得的不是经济学奖而是和平奖，因为就像您刚才讲的，他让大家更和谐。从这个角度看，像中国的袁隆平，他让这么多中国人不再挨饿。

郎咸平：你说它为什么不选袁隆平，他的这个稻米革命救了多少人。还有汶川大地震的时候，它为什么不选中国解放军，解放军那些行为不仅感动了中国人，还感动了世界上其他的人，那为什么不选他们？因为这都

187

不能传达挪威人的价值理念，就这么简单。所以很多应该拿诺贝尔和平奖的反而拿不到，拿到奖的都是能宣扬挪威人理念的。因此，我们不要把这个奖看得有什么了不起的，不要把它看得太严肃。

王牧笛：而其他不秉持这种理念的人就对把这个奖颁给奥巴马的事，提出了自己的质疑。像委内瑞拉总统查韦斯说："把诺贝尔和平奖颁给奥巴马就好比：一个棒球投手说自己想赢 50 场比赛、投出 500 次三振出局，然后他就获奖了。"他还说，"这是我们第一次眼睁睁看着诺贝尔和平奖被颁给一个毫无成绩可言的候选人。"

郎咸平：要请查韦斯这哥们在骂美国人的时候，先来看下《财经郎眼》。

王牧笛：而卡斯特罗积极评价了这个奖，他认为这个奖项更像是在批评美国政府以往的政策。

郎咸平：这话是对的，因为这就是批评美国以前的单边主义。

王牧笛：所以你看不同价值观的人对这个奖项的评价是不同的。刚才一直说对这次诺贝尔和平奖有争议，其实历史上还有很多其他类似的争议。奥巴马是第三个在任获得诺贝尔和平奖的美国总统，其中 1906 的时候西奥多·罗斯福获得过一次，当时的争议也很大。

郎咸平：他是个好战分子。

王牧笛：当时获奖的理由是他斡旋了日俄战争。像教授讲的，他是美国很有名的好战分子。在他 1906 年获奖之后，当时《纽约时报》写了篇文章说："当该奖授予美国最好战的公民时，一个大大微笑照亮了全球的面孔。"美国一个诗人写到："西奥多·罗斯福，剑鞘中的剑在安睡，不过天啊，他的鼾声如雷。"

王晓林：还有一个很有争议的就是英国首相丘吉尔，因为丘吉尔是个政治家，本来他最应该获得的是和平奖，但是因为争议很大，最后给他授予了文学奖。

王牧笛：还有一个争议在 1994 年，当时诺贝尔和平奖授予了三个人：佩雷斯、拉宾，还有阿拉法特。当时好像这个诺贝尔委员会也意识到这种紧张的气氛，所以它在授奖的时候说获奖者是按照字母顺序排列的，并无谁优先谁落后。争议归争议，但我们会发现一个问题就是，中国人有一个贯穿百年的诺贝尔奖情结。包括这次你看高锟获得了诺贝尔物理学奖，国内媒体马上就很激动，为什么？每回有华人跟诺贝尔奖沾上边的时候，国内媒体最喜欢干一件事情就是，开始刨根问底地追寻他跟中国的关系。

郎咸平：但是他们都是外国人，他有英国国籍、美国国籍。我在这得说一句，就是因为高锟校长的力邀，我才回国的。他当时跟我讲的一句话让我很感动，他说："你是一个卓有成就的年轻人，中国这么大的地方可以供你发展，你为什么不考虑回来呢？"我现在讲这话可能没什么，可是从他口里面讲出来那就非常具有说服力。就是因为他的力邀我回来了，其实我不是唯一的一个，我们好多名教授都是因为他而回来的，他改变了很多事。

189

第十一章
俄罗斯重启私有化

在俄罗斯 10 年来首次出现财政赤字之际

俄总理普京

2009 年 10 月 6 日主持俄联邦财产私有化问题专题会议

并明确表示

俄罗斯会重新提高

私人所有制在经济中的比重

加快推进私有化

减少国家在经济中的作用

俄罗斯《导报》援引政府消息人士的话称

现在是出售政府股份的最佳时机

这不仅关乎财政平衡问题

还将向国际社会展示

俄政府市场自由化的决心

俄罗斯财政部部长库德林表示

政府可能出售

在石油、电信和航空业公司的股份

经济发展部部长纳比乌林娜则透露

政府将于近期出台

2010 年俄联邦财产私有化计划

石油撑起的帝国

2009 年年初，石油价格就在 40 美元一桶以下徘徊，俄罗斯不但有财政赤字，还有严重的国际收支赤字，这个国家几乎陷于崩溃。

（嘉宾介绍：闫肖锋，《新周刊》总主笔，著有《少数派》及《杂志观》等系列文章。）

王牧笛：咱们今天聊聊俄罗斯。 这个国家在金融海啸中损失惨重。 我看有媒体观察说，俄罗斯命悬一线，国家濒临破产。 不过，最近好像俄罗斯的"普梅组合"——普京和梅德韦杰夫——抓到了救命稻草要重启私有化。 我看最近几周俄罗斯主管经济的官员也在媒体上为这新一轮的私有化造势。 咱们先来看相关的背景新闻：

在俄罗斯 10 年来首次出现财政赤字之际，俄总理普京 2009 年 10 月 6 日主持"俄联邦财产私有化问题专题会议"，并明确表示，俄罗斯会重新提高私人所有制在经济

192

中的比重，加快推进私有化，减少国家在经济中的作用。俄罗斯《导报》援引政府消息人士的话称："现在是出售政府股份的最佳时机，这不仅关乎财政平衡问题，还将向国际社会展示俄政府市场自由化的决心。"俄罗斯财政部部长库德林表示："政府可能出售在石油、电信和航空业公司的股份。"经济发展部部长纳比乌林娜则透露："政府将于近期出台2010年俄联邦财产私有化计划。"

王牧笛：俄罗斯这片土地上真的什么事都能发生。普京不是一直对上一轮私有化产生的金融寡头痛下杀手的吗？而且他还一直坚持认为，俄罗斯的私有化问题很多，犯了严重错误。他怎么也华丽转身了。

闫肖锋：全球现在都在国有化，他敢逆势走，我觉得是被逼得没办法了。

王牧笛：人家说"中国是一切规则的例外"，其实"俄罗斯也是一切规则的例外"。

郎咸平：真的是。

王牧笛：很多媒体分析说，俄罗斯是因为财政赤字吃不消了，金融海啸打击太大了。教授的观察呢？

郎咸平：这是对的。请你想一想，普京为什么这么受俄罗斯老百姓的欢迎？他们在20世纪90年代已经搞过一次私有化了，那个私有化当然是问题很多。到了1999年的时候，整个俄罗斯经济全面解体，当年的GDP就下跌了一半。按照我们粗略的估计，当时俄罗斯的

GDP 可能和中北美洲的一个小国家墨西哥差不多。这么大的一个俄罗斯变成这个样子，原因是什么呢？就是它原先私有化的失败。那普京为什么会这么受老百姓的欢迎？因为他新上任之后刚好碰到石油价格上涨，而俄罗斯是以石油、天然气、化工、钢材等产品为主要出口产品的，所以 2003～2004 年之后的油价上涨给俄罗斯带来了巨大的财富，国家富裕了，老百姓跟着富裕，所以大家才把普京誉为民族英雄——彼得大帝第二。但我们事后再来看，他能够成为所谓彼得大帝第二是因为华尔街造就了他。我根本都不觉得他个人有什么了不起，有什么惊人的魄力、什么伟大的才干，都不是的，而只有一个原因——石油价格上涨，这刚好符合了俄罗斯的出口结构。

王牧笛：所以你看俄罗斯的经济周期就是，石油价格上涨它的经济就很好，石油价格一旦下跌它就不行。

郎咸平：而且整个俄罗斯的计划，包括 2009 年、2010 年的财政计划，都是以平均 95 美元一桶的石油价格来做的。问题是，我做的调研发现：石油价格跌到 60 美元一桶的话，俄罗斯就没有财政盈余只有财政赤字；如果跌到 40 美元一桶以下的话，那更糟糕，还会有一个国际收支赤字。2009 年年初，石油价格就在 40 美元一桶以下徘徊，那它就是不但有财政赤字，还有严重的国际收支赤字，这个国家几乎陷于崩溃。

王牧笛：但是之前俄罗斯人一直很自信。你看 2008

年金融海啸刚开始爆发的时候，不管是梅德韦杰夫还是普京，都不认为俄罗斯会有问题。 当时我看梅德韦杰夫接见国内企业家代表的时候底气十足，说虽然现在全球经济出现了问题，但俄罗斯经济很稳定，并没有发生危机，俄罗斯经济潜力巨大，有能力解决国内的所有问题。

郎咸平：他们当初以为只是美国的金融系统出现了问题，没有想到的是另外一个杀手，那就是华尔街，它可以操纵石油价格，把石油价格打到 35 美元一桶。这是他们没想到的。

王牧笛：包括 2008 年年底，我看普京做了一个电视节目，当时的电视节目是跟观众互动的，俄罗斯的一个观众给他发来短信，问他卢布怎么样，哪种才是存在银行里的最佳货币？ 当时普京满怀信心地说，卢布的兑换率不可能出现剧烈的变动。

俄私有化之殇

他们总认为，如果能够把俄罗斯的国有企业一夜之间变成大众持股，就可以把俄罗斯的财富平均分给每个老百姓，结果没想到最后这个社会主义国家被 7 个人所控制。

闫肖锋：刚刚谈到这个私有化，我倒有个看法，就是说像这种已经习惯于计划体制思维的国家，突然转向一个完全放开的私有化的国家，它的心理准备是完全不够的。我去东欧一些国家的时候，我就觉得那儿特别像我小时候成长的环境，因为都是苏式建筑——红砖、红墙、红瓦的那种建筑，我以前在北京的时候，住的小区就和那的一样，完全是苏式专家设计的建筑。我觉得这种建筑上的"源代码"，还有人的思维中的"源代码"，不会因为短短的一个所谓"休克疗法"就能够把它彻底更改过来的。所以，我觉得包括俄罗斯这次重提私有化，它在心理上并不能完全接受西方那种市场经济的游戏规则，这个离它还是有一段距离的。

郎咸平：因为上一次私有化——也是普京天天批评

的私有化——让普京上了台，普京是以重新国有化的姿态上台的。因为上一次的私有化太可恶了，不过上一次的私有化也是他们自己对于西方市场经济理解的全盘错误所导致的。当时私有化的时候，他们邀请了哈佛大学的两个教授当顾问，一个是萨克斯教授，一个是施莱弗教授。他们当然都有贡献的，什么贡献呢？他们认为，美国经济之所以如此之强大，是因为上市公司都是大众持股公司，也就是老百姓持股公司。企业赚钱之后股价上升，因此，这样就把财富透过股票价格的上涨分到每个老百姓手里，所以达到了藏富于民的目标。

那么，俄罗斯它当初搞私有化的时候，就把这个理念贯彻到里面。他们总认为，如果能够把俄罗斯的国有企业一夜之间变成大众持股，就可以把俄罗斯的财富平均分给每个老百姓。这个想法很好，所以当时他们就发明了一个方法叫兑换券。比如说，我今天给你 100 张兑换券，国有企业 A 价值 1 万张，你就可以用 100 张去换，然后你就是它持股 1% 的股东。这个比我们以前那个所谓法人股做得还彻底。这也是哈佛大学两个学者跟整个智囊团联合设计的一套方案，表面上看起来是非常好。每个老百姓都非常公平地分到股份，然后所有公司都变成了大众持股公司，这在理念上非常好，问题出在哪呢？出在执行。

老百姓想："换了这个 1% 的股权对我有什么好处，又不一定分得到红，那么小的股东有什么好处呢？喝个

197

酒、吃个黑面包、换个香肠我还更有兴趣。干脆我把这个兑换券换成两瓶伏特加酒算了。"所以产生大量黑市，很多老百姓就拿这个兑换券去换钱、换食物。他不当股东，他想马上享受。结果就在这个时刻，俄罗斯 7 个最聪明的人看到机会来了，然后他们就勾结银行、勾结地方财政单位，用国家的钱大量收购这些兑换券，然后这 7 个人就突然控制了俄罗斯。也就是说，这个社会主义国家希望透过兑换券方式成为大众持股的，结果没想到最后这个社会主义国家转而成为 7 个人所控制的了，就是所谓的金融寡头出来了。

王牧笛： 就是别列佐夫斯基、霍多尔科夫斯基这帮人。

闫肖锋： 在今年年初的时候，中国也有几个经济学家提出类似的观点，就是趁着这个时候我们赶紧把垄断企业的股票分给大众。

郎咸平： 他们忘了俄罗斯的教训。

闫肖锋： 这个在中国可以执行吗？

郎咸平： 不可以的，为什么？你知道吗，最后会像俄罗斯一样产生一个新的股票市场，就是兑换券市场，然后到处都是台下交易，这是非常可怕的。俄罗斯当时碰到的问题一方面是黑市流行，还有一方面就是通货膨胀严重。比如说，10 000 卢布在发兑换券之前还很值钱，等到把兑换券发到老百姓手里的时候，他们发现可能连个面包都买不起了，为什么？因为过去我要用卢布才能买酒、买香肠，现在兑换券也可以买了，那就等于说除了原先的钞票之外，又多了一大堆像钞票一样的兑换券。

闫肖锋：兑换券贬值。

王牧笛：所以你看普京也注意到这个问题了。2009年10月6日，在他主持的那个俄联邦财产私有化的会上，他就强调，新一轮私有化中俄联邦的财产必须按照实际的市场价格出售，不能打折扣，他说俄罗斯不能再出现免费的、或者是优惠的私有化了。但是问题在于当年俄罗斯的"休克疗法"，到今天为止学界还有一个争议，说为什么"休克疗法"在玻利维亚成功了，在俄罗斯失败了呢？

闫肖锋：苏联它这种计划体制的根基太深了，人们对这种体制有一种非常强的依赖心理，你一旦把它根除，他们会觉得无所适从。所以，在没有充分地受过这种游戏规则的训练、没有充分地受过这种市场经济培养的情况下，一旦把一种权利或是权益放在他手上，他不知道怎么用。所以，我觉得新一轮的私有化到来以后，他再按照以前那种做法的话，仍然会出现寡头。

我们现在有一种说法叫"权威怀乡"，或者"权威怀旧"，包括现在很多台湾人在怀念蒋经国时代，因为那时候是经济增长最快的时候。俄罗斯现在也是这样，现在一个针对俄罗斯"80后"的调查表明，这些年轻人最推崇的民族英雄排在第一位的是斯大林。这表明人们还是比较怀念权威体制下的那种安全感和那个时候它在国际上的发言权。 那时候的俄罗斯多牛啊，一说"我们要埋葬你"，美国人都吓得发抖了。

　　一样的道理，普京在俄罗斯受宠也是这个原因。 他们认为戈尔巴乔夫把俄罗斯搞垮了，戈尔巴乔夫自己变成了一个小丑、变成了一个西方媒体上的广告明星。 人们又去怀念那个权威体制、怀念斯大林时代，我觉得这就说明他们的那种心理状态完完全全没有进入私有化的状态，甚至比中国都差远了。

从"一马克"到"三定律"

有信托责任保证下的私有化才是好的私有化。

王牧笛：在教授看来，这个"休克疗法"为什么在玻利维亚那个小国家成功了？

郎咸平：因为你要晓得玻利维亚什么都没有啊，它是个非常小的国家，搞什么都容易。同时你想想看，整个"休克疗法"失败的原因就是大量兑换券被那种有野心的人收集起来产生的，如果没有的话，那公司就变大众持股了，就没有问题了。

王牧笛：藏富于民了。 现在看起来私有化是俄罗斯老百姓心中的痛。 那在教授看来，什么样的私有化才是比较好的私有化？

郎咸平：谈到什么比较好，先谈谈我们自己，2004年的时候，你还记得吗？

王牧笛：郎教授在中国喝止了不好的私有化——

MBO。

郎咸平： 就是经理人收购，那也是对市场经济的不了解。比如说 MBO 的原因是什么？所谓 MBO 就是由国企的老总自己来收购，其实它的理论依据也很可笑，叫做什么"冰棍理论"：说这个国企就像夏天的冰棍一样慢慢融化，与其让它化掉，还不如在它没有化光之前送给国企老总，为什么呢？因为人都是自私自利的，东西变成自己的之后就能够做得好，由于国有企业不是自己的所以做不好。这就是我们对于资本主义的理解。

王牧笛： 产权激励。

郎咸平： 对，产权激励。但你没有想到我们忘了一点——杰克·韦尔奇，他也是职业经理人，他从 1980 年开始干到 2000 年退休，20 年的时间他替通用电气创造了多少价值，退休之后他拿到什么了呢？什么都没有啊，他没有拿到股权，为什么呢？因为我们忘了一点，资本主义它有一个对它的股东、国家、民族的信托责任。这个我们没学会，我们只学会另外一面——自私自利的那一面。所以这也是对于所谓市场经济、资本主义的误解，才导致这个失败。你发现这两者有异曲同工之妙，都是对于资本主义的市场经济理解不够所导致的。你看俄罗斯的"休克疗法"、中国的 MBO 到最后是什么结果呢？人神共愤。什么原因呢？就是形成了寡头。

王牧笛： 包括当时那个盖达尔（俄罗斯私有化之父），他事后也承认那一轮私有化是权贵阶层对国家财产的私有化，是将官员手中掌握的公有财产私有化，为权力转化为资本履行了一个法律手续。

郎咸平：对，就是说整个俄罗斯的权力变成了7个人的，整个俄罗斯被这7个人所掌控。

王牧笛：而当时他们所设想的私有化可能带来的好处，比如给国家增加收入，可是事后看起来，10年间的私有化只增加了1%的GDP。

郎咸平：到1999年更别提了，你知道产生了什么问题吗？真的变成个人的以后，请你想想看如果他只想追逐利润的话，他有没有必要从事生产啊？他有没有必要去做研发啊？他有什么必要这么做呢？他干脆把树砍下来就卖掉，矿挖出来不要加工就卖掉，飞机、大炮现成的就卖掉。所以如果他们没有国家民族意识、没有企业家精神的话，把俄罗斯直接卖掉对他们7个人最有利，这就是自私自利。为什么俄罗斯到1999年它的GDP下跌了一半？就是因为他们把俄罗斯卖光了。

王牧笛：当时有一个宏伟的口号，叫"变卖俄罗斯"。

郎咸平：对，就是这个意思。

王牧笛：说把这个国家的一切——从螺丝钉到核反应堆——全转入了私人手中。

闫肖锋：当初东西德合并的时候，当时政府也提出"一马克卖企业"。实际上这"一马克"背后是含着信托责任的，就是你要把这个企业承担下来，实际上这个"一

203

马克"是很沉重的"一马克"。

郎咸平：是的，这是信托责任。那你看俄罗斯的7个寡头有信托责任吗？

王牧笛：所以，当年俄罗斯的改革派只是把私有制看做是西方文明社会的法宝，没有看到私有制背后人家还有更深层次的东西，这个他没学到。

郎咸平：所以在这里我想告诉各位，资本主义市场经济看起来是自私自利的，可是你晓得它的根是什么吗？是对国家、民族、股东、老百姓的信托责任，包括官员所承担的信托责任，企业家所承担的信托责任。这一点我们都没有学会。

王牧笛：而俄罗斯新一轮的私有化也面对同样的问题，现在很多人说国际的大鳄、国内的私人资本都在对这次俄罗斯变卖政府的股份跃跃欲试。

郎咸平：这个是非常危险的。讲到这个信托责任的时候，我必须得强调一下英国的私有化，那还是我比较推崇的。

闫肖锋：撒切尔夫人时代的。

郎咸平：对，撒切尔夫人当时找到谁了呢？找到了非常有名的家族——罗斯柴尔德家族——帮她设计的方案。注意哦，罗斯柴尔德家族是马克思《资本论》里面多处批评到的一个家族，但这个家族在替撒切尔夫人做英国国企私有化方案的时候，非常强调信托责任，这就是差别。它提出一个"罗斯柴尔德三定律"：定律一，英国的国企必须由富有信托责任的职业经理人经营；定律二，政府的信托责任是什么？一定是好的国企才能够私有化，坏的国企是不能私有化的，为什么呢？因为好的国企私有化才能够替老百姓创造财富，坏的国企你让它私有化，那不是害老百姓吗？这是政府的信托责任；定律三，政府最后保有一股黄金股，政府有一票否决权，这又是政府对老百姓的信托责任。所以这三个步骤加在一起就保证了英国国企私有化的成功。

瑞典式和谐社会

　　这是一个非常完美的境界：我做得好是应该的，你对我好也是应该的。这一步才是我们真正追求的。

　　闫肖锋：当时撒切尔夫人做的私有化里边很重要的一步，好像是把煤矿私有化了。很多英国的"左派"的学者、歌星，包括我在大学时听斯汀的歌里也有讽刺撒切尔夫人的这场私有化的内容。私有化这个问题把它放在刚才您说的那个信托责任上，它就不是一个社会主义体制或者资本主义体制的问题了。最近我去了趟瑞典，参观了宜家公司，我很难用社会主义、资本主义，或者是私有、公有来定义它。它那里员工和经理、员工和股东、经理和股东之间的信托责任是非常非常强的。比如说，它是不能开除一个工人的，如果是按我们的思维方式的话，如果你不能开除他，那他哪来的积极性。

　　郎咸平：而他们认为积极是应该的。

　　闫肖锋：他认为企业对他有责任，他对企业也有责任。 很多的创新就是流水线上的工人们搞的。 而且我发现在宜家的工厂里边，它那个工休时间是自己决定的，你什么时候去喝咖啡、吃苹果、吃麦当劳，你自己去就行，只要你把手头的工作做完，没有人去监督你。

郎咸平： 这是非常完美的一个境界：我做得好是应该的，你对我好也是应该的。这一步才是我们真正追求的。

闫肖锋： 和谐社会。

王牧笛： 所以没有"主义"给它贴标签以后，瑞典这种北欧模式成了第三条道路了，两条道路之间的一条道路。

郎咸平： 实际上我觉得它更超脱一些。

王牧笛： 刚才教授说撒切尔夫人时代的私有化时，谈到一点——"一定要是好的国有企业才能私有化"，其实这个俄罗斯人学到了。 俄罗斯也专门把好的国有企业给私有化。 你看乌拉尔机械制造厂，一个拥有 3.4 万职工的大型国有机械制造厂，当时卖了 372 万美元；拥有 5 万多职工的车里雅宾斯克的拖拉机厂卖了 220 万美元。 而当时欧洲国家一个小型的面包厂就可以卖 200 万美元。

闫肖锋： 现在它的地皮都不止这个数。

王牧笛： 这么多优良的国有资产就被贱卖了。

郎咸平： 不强调信托责任就是这样。那你说美国有什么不同？美国跟北欧又不一样，美国是用法律来保障信托责任。北欧已经到达一种自动自发的信托责任，美

207

国还没到这个地步，但是它用严刑峻法让你不敢不有信托责任，包括职业经理也好，官员也好。

闫肖锋：所以我倒有个观点，就是说一种制度的好坏，其实不在于它是什么主义，重要的是它能不能把人性最好的那部分给激发出来。

王牧笛：换一个角度来说，如果把人性中最贪婪的部分克制住，这种制度就是好的。

郎咸平：那这就是美国，激发出好的一面来的就是北欧，强调这个自私自利的就是俄罗斯。

王牧笛：但是现在这个让人担心的问题就来了，现在在俄罗斯这种制度没有建立起来的时候，新一轮的私有化就来了。

郎咸平：它既缺乏法制所规范的信托责任，又缺乏北欧式的信托责任，它的私有化就很让人担心了。

王牧笛：现在俄罗斯经济处在比较低迷的时候，而且现在很多公司的股价跌到了历史的低点。这个时候对很多欧洲、美国，甚至包括亚洲、包括中国的投资商来说，是抢滩俄罗斯的好时机。

闫肖锋：但是俄罗斯的经营环境太恶劣了，包括它的管理体制也好，它的员工素质也好，再加上一些排外情绪。

郎咸平：我还记得我以前研究俄罗斯私有化的时候做过一个案例：有家机械工厂的机器大概上午 10 点钟出了问题，技工正在修，工人就自己回家了。他觉得很自然嘛，机器坏了今天就不用上班了。这是我们不可想象的。

　　闫肖锋：还有一个笑话。上次普京去俄罗斯的一个国有企业，也算是去访贫问苦的。然后有个工人就盯着他的表，问："您的表可以给我吗？"普京不能说什么，就把他的那块很名贵的表给了这个工人。工人认为这是他应该得到的，你来访贫问苦，你应该留点纪念品给他。

　　郎咸平：所以我们中国的工人跟老百姓还是比较可爱的。

　　闫肖锋：所以中国的企业主在那里创业的话，很难想象我们去管理俄罗斯的工人是一个什么样的状况。

　　郎咸平：完全两回事。你会发现中国工人不管怎么讲，还是非常勤勉的、任劳任怨的，俄罗斯的完全是两回事。

　　王牧笛：中俄陆路边境上那条铁路，俄罗斯这边的轨道比中国的宽，火车到俄罗斯以后要换车轮，但换车轮一换就要换 24 个小时，为什么？因为俄罗斯工人要喝酒，不喝酒他不干活。所以中国的司机去了以后，得拿着烈性的伏特加请这些工人喝酒，喝完酒睡一觉，然后他们再给你换车轮——这个效率之低啊！

　　郎咸平：是这样子的。

　　闫肖锋：所以回到我们刚才说的那个话题，就是在你的人员素质、心理准备都不具备的时候，你重提私有化，还有很多接不上的东西。

王牧笛：你看俄罗斯的国徽是只双头鹰，在近百年、近千年的历史上，它在向东看、还是向西看，自己是西方国家、还是东方国家的问题上一直纠缠不清。它的几个思潮，什么欧亚主义、什么大西洋主义，贯穿了俄罗斯的始终。

第十二章
金融海啸周年盘点

2008 年 9 月 15 日

美国雷曼兄弟公司破产

拉开了席卷全球的金融危机序幕

世界经济陷入二战以来最严重的衰退与萧条

一年后的今天

曾一度濒临崩溃的世界经济似乎否极泰来

复苏的言论已不绝于耳

站在金融海啸爆发一周年的节点上

我们可以感到虽然"最困难的时期已经过去"

但危机似乎远未结束

美国当地时间 2009 年 9 月 13 日

洛克菲勒投资管理公司首席执行官

詹姆斯·麦克唐纳自杀身亡

这位可能是洛克菲勒家族有史以来

聘请的最好的管家

在金融危机爆发一周年的日子

以特殊的方式让人们为之震撼和深思

金融海啸——我们伤得最重

打击力度不一样：美国是轻伤，欧洲是重伤，中国是内伤。

（嘉宾介绍：李银，《21世纪经济报道》资深编辑。）

王牧笛：咱们现在聊的每一个话题，似乎都是在金融海啸这个大背景之下，这种结构性的压力分散到我们每个话题、每个单元。 站在一周年的节点上，咱们不妨回头望望，来看一个背景资料：

2008年9月15日，美国雷曼兄弟公司破产拉开了席卷全球的金融危机序幕，世界经济陷入二战以来最严重的衰退与萧条。一年后的今天，曾一度濒临崩溃的世界经济似乎否极泰来，复苏的言论已不绝于耳。站在金融海啸爆发一周年的节点上，我们可以感到虽然"最困难的时期已经过去"，但危机似乎远未结束。美国当地时间 2009 年 9 月 13 日，洛克菲勒投资管理公司首席执行官詹姆斯·麦克唐纳自杀身亡，这位可能是洛克菲勒家族有史以来聘请的最好的管家，在金融危机爆发一周年的日子以特殊的方式让人们为之震撼和深思。

王牧笛：阵亡的富豪阵营里又多了一个新成员，这个事件也让我们对现在所谓的复苏言论产生了某种怀疑。现在很多媒体都在盘点金融危机一周年，咱们不妨也来盘点一下。现在各个媒体的言论普遍是这样的：首先，金融海啸是一个全球性的、共同的危机，我们面对的是继 1929 年大萧条以来最为严重的衰退和萧条。

郎咸平：我们一开始就弄错了。金融海啸开始于美国，它对日本跟欧洲的冲击，是冲击它们的金融体系，造成它们的金融危机，然后间接冲击它们的实体经济。可是对于中国是两回事，这场金融海啸对中国的冲击是，绕过了金融体系一家伙就打击到我们的实体经济，造成我们出口严重衰退。这就是为什么我们国务院在 2009 年 9 月初，指出中国的产能过剩。为什么产能过剩？因为过去我们中国 30% 的 GDP 是靠出口，而金融海啸的冲击让美国这些国家的"泡沫消费"爆破，然后直接冲击到中国的出口，因此我们产能过剩的危机就立刻显现出来。

李　银：打击力度不一样：美国是轻伤，欧洲是重

213

伤，中国是内伤。

郎咸平：所以为什么我们看不太出来，因为它打击的是制造业，制造业是最看不出来的。因为制造业危机来得非常慢，金融危机不一样，它是来得急去得快；可是制造业危机只要一来，它就不走了，这是最麻烦的事。这也是为什么很多制造业受到冲击之后，它不想做实体了，跑去炒楼炒股。

王牧笛：所以很多人说，金融危机对于美国来讲那是富贵病，中国没有太多可能得这个富贵病。

郎咸平：咱们是营养不良，完全不会得这个病。

漫漫复苏路

　　我们虽然都希望复苏，可是希望是不能解决问题的，我们应该找到病根，才有复苏的可能。

　　王牧笛：第二个媒体的盘点：站在一周年的节点上，看着金融危机洗过的大地，发现复苏的萌芽有一丝新绿。很多人会引伯南克的话，2009 年 8 月 21 日，美联储主席伯南克表示，经历了这次最严重的金融危机和大衰退之后，美国和世界的经济处在了复苏的边缘，开始回暖了。

　　郎咸平：伯南克这哥们我对他非常熟悉，这次美国的救市方法是他这一生智慧的结晶。他的博士论文研究的就是 1929 年的大萧条，我读过他这篇论文，论文的观点就是政府要大撒钞票。他现在做的事情就是把他的博士论文做个实验。

　　李　银：付诸实践。

　　郎咸平：所以他非常希望能够复苏，如果不复苏，这哥们一生的研究就搞错了。他这是良好的愿望，我们也希望复苏，但是光是希望是没有用的，我们得谈现实情况。

王牧笛：而卸任的官员就不像他这样，格林斯潘说美国金融危机没结束，还没到尾声。

郎咸平：显然是没结束嘛。看一下美国失业率就可以了，2009 年 5 月 8 号《华盛顿邮报》报告了美国失业人口是 1 000 多万，半就业人口是四五百万，加在一起大概占了 15% ~ 17%，到今天这个数值应该快接近 20% 了。

王牧笛：复苏的指标有两个：一个是消费，另外一个是就业。这两个指标看起来好像都没改观。

郎咸平：而且你看金融海啸刚开始的时候，美国人的储蓄率是 0，到了 2009 年 6 ~ 7 月份变成 7%，这代表它的消费是下跌的。因为你储蓄增加了 7%，消费就对应减少这么多，因此失业就更严重了。那我不知道他是怎么判断复苏的。

王牧笛：而且你不消费，对于我们这些靠出口的新兴经济体来讲就更困难了。

郎咸平：我们怎么拉动？所以，到了 2009 年 8 月份我们的出口还是衰退了 23%。

李　银：说复苏还早了一点。我觉得这次金融危机如果更严重地来看，它是个结构调整，是全球结构调整，至少要两年以上才可以说看到了一些复苏的迹象。

郎咸平：而且如果像你一开始讲的，这次金融海啸

216

像 1929 年美国经济大萧条那么严重的话，那我就必须得提醒各位一句，请各位多读历史。1929 年大萧条之后的一年，美国政府说，美国复苏了。然后到了 1938 年，竟然出现了罗斯福大萧条，复苏什么了？从 1929 年到 1939 年的 10 年之间，私人消费从 16% 跌到了 14%，失业率从 15% 变成了 17%。你复苏什么了？但是今天美国的失业率还超过了 17%，因此大家千万不能小看这一次的金融海啸。虽然我们都希望复苏，可是希望是不能解决问题的，我们应该找到病根，然后才能复苏。

李 银：假设这次教训过后，我们还是"三高"：高消费，以美国为例；高杠杆化，以华尔街为例；高投资，以中国为例，如果这个结构没有变化的话，还是不能解决问题。

郎咸平：至少后两者还在进行着，比如说华尔街，它那个衍生性金融工具又出来了，又到我们香港来卖，还是没有改变，好了伤疤忘了疼；中国的投资还在继续。你说改变什么了？如果这个基础没有改变的话很难复苏。

民不进，国不退

　　看不到民营企业的投资欲望，政府的救助政策就不敢退出，一退出经济马上就跌到底。

　　王牧笛：媒体的第三个盘点关注到，各国在此次金融海啸中的应对措施。媒体比较激动，说各国携起手来了，你像 G20 一年开了三次峰会。

　　李　银：从来没有这么统一过。

　　王牧笛：各国都实行了大规模的财政刺激计划，很多人对此欢欣鼓舞。

　　郎咸平：什么叫做大规模的财政计划？也就是我们所谓的积极的财政政策，什么意思？就是建点高速公路、搞点铁路。我必须在这方面表达我的观点，短期之下肯定有效用，因为你要用人工、用钢材、用水泥。问题是你建完之后怎么办？而且这些项目都是花钱的项目，我们把改革开放 30 年赚的钱投向这些基础建设，建完后你的高速公路会生出另外一条吗？那是不可能的，是不是？到最后你靠谁来拉动？不是靠财政政策，要靠企业的投资、企业的利润拉动。那这也是政府提出的"鼓励民间投资20条"的目的，是希望民营企业投资能够最终取代你刚刚讲的积极的财政政策，所以最根本的问题还是民营企业的投资，它是最重要的拉动力。那我请问你，20国峰会谈到这个了吗？民营企业投资现在还是很萎靡。

李　银：20国峰会说现在还不能退出，政府的救助政策还不能够退出。

郎咸平：你知道为什么不能退出吗？因为看不到民营企业的投资欲望就不敢退出，一退出经济马上就跌到底。

王牧笛：也就是说以教授的逻辑看，大规模的财政刺激计划使得各国自由落体的经济没有完全跌到谷底。

郎咸平：撑住了。

王牧笛：但是，能不能够走出低谷不是靠财政刺激，还是得靠民营经济的提振。

郎咸平：这现在不光是我们中国的问题，世界各国都有类似的问题，如何让民营经济来接棒。

王牧笛：但是海外媒体对于中国的经济刺激计划是不吝赞美之词，比如说教授的老朋友——吉姆·罗杰斯。

郎咸平：我们两个处得不太好，只是比较老而已，老而不和谐。

王牧笛：给各个国家的政府来打分，罗杰斯说他给中国政府打最高分，认为是做得最好的，为什么呢？ 他说中国政府未雨绸缪，集中一大笔钱砸在了对未来发展最为有利的基础设施上，这使得中国在世界脱离危机之后会变得最有竞争力。 这是吉姆·罗杰斯说的。

郎咸平：你知道这个人很有意思的，他是深谙政治伦理之道。他在任何地方发言，只对中国政府唱赞歌，他只骂一个国家，那就是美国，你绝对看不到有第三种发言。就是说只要谈到中国就是好的，谈到美国就是坏的，你觉得可能吗？

王牧笛：罗杰斯的用意在哪里？

郎咸平：因为他想在中国混，他需要政府的支持，所以就讲点好话。

李　银：我也说说这个阴谋论。 我觉得美国的这种舆论，都是在给中国的经济结构调整带来一种干扰，它还是让中国做出口、做制造，还是搞汽车、房地产。

郎咸平：最好你再做你现在正在做的东西。为什么？这对美国是最有利的，为了让你不要转型，最好多唱点赞歌。

李　银：看来我这个阴谋论还是挺成立的。

经济版图难以动摇

最大的危机不是危机本身，我们对于危机的无知或者低估那才是真正的危机。

王牧笛：媒体的第四个盘点说到，这次金融海啸会影响到整个世界的经济版图。 具体是怎样影响的呢？ 它说美国的主导作用会减弱，而像中国、印度等"金砖四国"，包括亚洲经济体的力量是会上升。 外媒像《时代周刊》的评论说，此次危机会对全球经济的未来产生根本性影响，危机之后的世界将不再是危机之前的世界。

李　银：太夸张了。

郎咸平：其实如果你问我的意见的话，我内心深处希望是这样子的，我也非常渴望中国强大，但请你想一想美国人可能让自己变成弱势吗？

李　银：而且如果我刚刚说的事成立的话——中国是受内伤，就以这个内伤的程度而言，中国无力抵消美欧经济衰退所带来的负面影响，我们的情况其实更严重。

王牧笛：美国是金融危机的肇始地，那么中国跟美国比，谁在这场金融海啸中受到的打击最大？

郎咸平：那肯定是我们嘛。美国它是富贵病，它是金融产生的问题，金融产生的问题是快来快走的。但对我们的冲击就不是金融了，而是冲击到实体经济。美国的实体经济是间接被冲击到的，而我们是直接被冲击到的，这就是你所谓的它是轻伤我们是内伤。那么欧洲为什么是重伤呢？因为美国的金融体系比欧洲的强大得多，美国受的冲击肯定是最小的。这就是为什么冰岛、英国遭受这么大打击，从天堂到地狱，因为它们的金融体系不如美国那么强大，所以它们是重伤。

王牧笛：这次冰岛整个国家破产了，它的经济 90% 是靠金融服务业，10% 是靠捕鱼业。

郎咸平：以前不是这样，以前刚好倒过来。

王牧笛：然后它的国家领导人反思：我们还是都去捕鱼吧，看来实体经济还是很重要的。

郎咸平：发现金融这玩意儿特不靠谱，还是捕鱼好。不过他们捕鱼可以，我们就不能捕鱼。他们冰岛人少，所以捕起鱼来没问题；我们的人都比鱼多，鱼捕人还差不多。

李　银：即使美国主导的经济格局要有变化的话，短期内也不可能实现了。除了综合实力之外，你看新兴的经济体，像中国、印度，它们都很难成为经济发展的独立引擎。

222

郎咸平：而且大家再读读历史，20 世纪 80 年代中期之前，看看日本多么嚣张，日本的汽车、家电大量出口到美国，然后日本喊出一句口号："我们可以对美国说 NO！"好了，1985～1989 年四年之间，美国利用"金融核弹"——就等于第三颗原子弹——猛炸日本一番，20 年后的今天日本还在萧条。1997 年前，我们亚洲其他国家和地区也牛起来了，我们不但有四小龙，还有四小虎，他们也可以对美国说不了。结果经过索罗斯的金融战轰炸了一番之后，四小虎全死，四小龙死了两条半，现在没有人说"不"了。

然后 2008 年，面对一个冉冉升起的新兴社会主义国家——越南，美国继续透过金融战在 2008 年 4 月份狙击它，让它全线崩溃。这些金融战的历史我们看到了吗？你有没有注意到这些金融战是一个全新的、前所未有的战争，而亚洲国家从日本到四小龙到四小虎到越南，没有一个能逃得过它的打击。所以，这个时刻我们要特别小心，美国这场金融危机本身很可能是不小心开始的，但是你要晓得美国人手段高超，会把这个不小心开始的金融危机转嫁，变成一个具有巨大杀伤力的金融核弹，像对付日本一样，这点我们要特别注意。因此，你不要在这个时刻得意忘形，你要晓得战争的胜负不是看一场战役的结果，而是看整个战争的结局。

举个例子，2008 年 11 月至 2009 年 3 月底美元不该涨而涨，从 2009 年 4 月份开始美元不该跌而跌，请问你

223

为什么？你不要把它简单地解读成美元是弱势，不是的，美元在 2008 年金融海啸刚开始的时候，人家为什么不弱势啊？金融海啸发生在美国，美国政府增印的钞票超过 150%，印了这么多钞票，美元竟然如此之强势，为什么？金融战！

李　银：美国也有无形之手和有形之手。

郎咸平：今天我要告诉各位，最大的危机不是危机本身，今天这么短的时间很难把危机讲得非常清楚，最大的危机是我们改革开放 30 年非常成功，我们没有经历过萧条，甚至没有经历过像日本、四小龙、四小虎跟越南一样的金融战，因此，我们对于危机的无知或者低估那才是真正的危机。

王牧笛：尤其在这种金融海啸之下，美国又找到了一个新的突破口——低碳美元，这个东西又能提振它的经济。要说改变经济版图，那就是它可能会更加强大。

郎咸平：而且这个低碳美元，我们以前也聊过了，它所针对的就是你讲的金砖四国。

李　银：我觉得目前最大的一个打击是贸易保护主义又开始复苏了——特保案。

郎咸平：比如说，我们上次讲的轮胎特保案，你发现 7 次特保案只有这一次通过。我们不要讲得太简单，说奥巴马怎么怎么样，不是这么简单的，美国的政策不会因为一个总统而改变的。为什么这个时候改变呢？当然郎教授的水平不够，我也不敢说 100% 就是美国特意

224

针对其他国家，包括中国在内，制造贸易战。

李　银：1929 年之后，很多的贸易战开始冒出来，也是因为美国大萧条的背景，这一次其实并不让人觉得意外，我觉得它这是很正常的一个行为。

郎咸平：对呀，美国开始贸易战了，而且贸易战之前还有金融战，还有低碳美元的问题。那个时代——1929 年——还没有这些，那个时候没这么复杂，现在美国仍然没有放弃它 1929 年用过的贸易战，同时又多了个金融战，这点你要注意。

李　银：我觉得对中国的真正考验和挑战还要等到两三年之后才能看出来，为什么呢？ 那时要看欧美的消费市场有没有恢复，要看它们的信心有没有恢复，还要看投资者对美元的信用危机的恐慌有没有过去，如果都没有恢复的话，中国问题会更大。

王牧笛：而现在很多媒体观察说，世界经济出现了两个新动向：一个是从实体经济角度看，新兴的经济体和发达的经济体在金融海啸之下都很困难，都在寻求新的经济突破点；而从虚拟经济的角度看，之前致华尔街于崩溃的这些因素，全都死灰复燃了，华尔街记性一点都不好，现在还在用当时使自己崩溃的方式赚钱。

郎咸平：而且它还不接受监管，美国政府要推行监管之难是你不可想象的，至少到今天美国政府的监管还是失败的，它想加强监管的努力还是不成功。美国政府现在还在那边大吵大嚷说要继续加强监管，可是你越这

225

样越代表你监管不力。

　　李　银：所以到最后可能去杠杆化也是失败的。

　　郎咸平：如果去杠杆化失败，那么我们这次又改变了什么呢？什么都没改变。

　　王牧笛：它们在金融市场上继续兴风作浪。

　　郎咸平：德意志银行做了一个预估，说到 2011 年美国优质房地产资不抵债的数目将超过 48％，这说明两年后还有危机。

金融海啸中最大的赢家——高盛

它不但掌控交易中心、金融机构，连美国财政部两任部长都是高盛的人。最后，金融海啸造就了高盛一家公司的蹿升，它掌控了美国更多的财政权力。

王牧笛：所以有海外媒体评论说，金融海啸最应该改变的其实是人心，但是恰恰这个人心、人性没有改变。每一次危机可能都不相同，但是每一次危机背后贪婪的人性都是一样的。

郎咸平：华尔街又开始分发红利了，像高盛——我最爱批评的公司——红利多得我都不晓得是多少了。

李　银：说到高盛，有一个笑话说，当时雷曼兄弟为什么倒闭？为什么把 2008 年 9 月 15 日作为金融危机的一个爆发点？2008 年 9 月 12 日的时候，美国财政部长保尔森跟很多人说政府不会为救助雷曼兄弟公司来做担保，后来就没人去救雷曼兄弟。那为什么救高盛呢？因为保尔森原来是高盛出来的，雷曼兄弟跟高盛是竞争对手。

郎咸平：所以这次它救的公司都是跟高盛有关的，

比如说 AIG 救了没有？救了。为什么？一把手以前是高盛的人。美林救了没有？救了。为什么？美林的一把手换成了高盛的人。还有美联银行，甚至美国期货交易所、纽约证券交易所的一把手，全部都是高盛的人。最后，你发现金融海啸确实改变了金融版图——高盛开始掌控一切了。这个挺有意思的。而且它不但掌控这些交易中心、金融机构，连美国财政部两任部长都是高盛的人。最后，金融海啸造就了高盛一家公司的蹿升，它掌控了美国更多的财政权力。

李　银：我在美国的朋友开玩笑说，他们如果学 MBA 出来去工作的话，高盛是第一选择，因为稳妥——背后有后台撑着。

王牧笛：你看《纽约时报》说，如果雷曼兄弟不叫雷曼兄弟，叫雷曼姐妹，说不定这家华尔街的投行就不会倒。为什么呢？因为华尔街都是男人掌控，男人的性格是贪婪的，欲望是无节制的，女人投资相对保守。

郎咸平：或者雷曼就把一把手送给高盛的人做，那也可以解决问题。

王牧笛：还有一个变化就是关于美欧之间的一个关联。这次都说赢家是美国，你看美国拿了很多钱去刺激经济，但是它也有回报，据不完全统计，美国政府金融救援计划目前总回报已经超过 300 亿美元了。

郎咸平：因为它买了很多银行的股票，它的股票市场是不该涨而涨，我甚至怀疑这也是美国政府操纵的结果。股价上升对于美国政府收购这些银行的股权是有帮助的，当时收购的银行股权现在高位套现，自己不但赚一笔，也对股东有交代、对全国老百姓有交代，大家都高兴，不是很好吗？这不都是操纵吗？

王牧笛：美国在这场金融海啸的变局中继续稳居老大的位置，是赢家；输家除了新兴经济体，它们的出口一蹶不振，继续走下行通道，还有一个输家是欧洲，尤其是英国。 你看克鲁格曼在《纽约时报》写的一篇文章说，布朗式的救市方案拯救了世界，可是没有拯救自己，在整个欧洲经济的复苏过程中，英国是最差的、最慢的。

郎咸平：英国它太小了，英镑在金融海啸时期，最多跌到 1 英镑换 1.3 美元左右，那是非常糟糕的情况。为什么？它太小了，一个国家的货币无法抵挡金融海啸这么大的冲击。这也可以理解，像德国这么强大的经济体为什么要放弃马克，法国为什么要放弃法郎，原因就在这。在今天这种金融国际化的现实情况之下，一个国家的货币是很难抵挡冲击的，而德国、法国利用欧元取代本国货币的结果，就让它避开了像冰岛、英国这种独立货币体系所受到的严重冲击。你说它们是不是很聪明啊！所以现在英国就考虑是不是让英镑加入欧元区，因为它们吃过亏了。

王牧笛：而现在中国人在考虑，是不是让人民币成为世界货币，成为世界货币的第三极。

郎咸平：当我们有良好愿望，想让人民币成为强势货币的时候，想想美国人会怎么想？它肯定要打击我们的，它有什么理由让我们的货币成为强势货币呢？所以愿望是好的，但是要做到这一步需要努力，不可能因为一个危机，就把你塑造成一个强势货币。要成为一个真正好的货币、区域性货币，那需要我们政府的努力，需要了解国际形势，需要扛住美国压力，这是不容易的。

图书在版编目（CIP）数据

财经郎眼03：需要了解的经济问题/郎咸平，王牧笛 等著. —北京：东方出版社，2010

（财经郎眼系列丛书）

ISBN 978 - 7 - 5060 - 3833 - 1

Ⅰ. 财…　Ⅱ.①郎…②王…　Ⅲ. 经济—研究—中国　Ⅳ. F12

中国版本图书馆 CIP 数据核字（2010）第 029146 号

财经郎眼03：需要了解的经济问题

作　　者：郎咸平　王牧笛 等
责任编辑：姬　利　刘越难
出　　版：东方出版社
发　　行：东方出版社　东方音像电子出版社
地　　址：北京市东城区朝阳门内大街 166 号
邮政编码：100706
印　　刷：北京智力达印刷有限公司
版　　次：2010 年 5 月第 1 版
印　　次：2010 年 5 月第 1 次印刷
开　　本：787 毫米×1092 毫米　1/32
印　　张：7.625
字　　数：91 千字
书　　号：ISBN 978 - 7 - 5060 - 3833 - 1
定　　价：27.00 元
发行电话：（010）65257256　65246660（南方）
　　　　　（010）65136418　65243313（北方）
团购电话：（010）65245857　65230553　65276861

34